融媒体版

学 前 教 育 专 业 系 列 教 材

依据 《 幼 儿 园 教 师 专 业 标 准 （ 试 行 ） 》 编写
《 中 小 学 和 幼 儿 园 教 师 资 格 考 试 标 准 （ 试 行 ） 》

幼儿文学阅读与指导

（第2版）

主 编／刘海丽　郭玉村

副主编／朱福芳　马希武　高小焱

YOU'ER WENXUE YUEDU
YU ZHIDAO

北京师范大学出版集团
BEIJING NORMAL UNIVERSITY PUBLISHING GROUP
北京师范大学出版社

图书在版编目(CIP)数据

幼儿文学阅读与指导 / 刘海丽,郭玉村主编 . —2 版 . —北京：
北京师范大学出版社,2021.1(2024.1 重印)
  ISBN 978-7-303-25846-8

  Ⅰ. ①幼… Ⅱ. ①刘… ②郭… Ⅲ. ①学前教育－阅读课－中
等专业学校－教材 Ⅳ. ①G613.2

  中国版本图书馆 CIP 数据核字(2020)第 088140 号

教 材 意 见 反 馈　**gaozhifk@bnupg.com**　**010-58805079**
营 销 中 心 电 话　010-58802181　58805532
编 辑 部 电 话　010-58808898

出版发行：北京师范大学出版社　www.bnupg.com
　　　　　北京市西城区新街口外大街 12-3 号
　　　　　邮政编码：100088
印　　刷：天津旭非印刷有限公司
经　　销：全国新华书店
开　　本：787 mm×1092 mm　1/16
印　　张：14.75
字　　数：232 千字
版　　次：2021 年 1 月第 2 版
印　　次：2024 年 1 月第 9 次印刷
定　　价：32.00 元

策划编辑：罗佩珍　　　　　责任编辑：冯 倩
美术编辑：陈 涛 焦 丽　　装帧设计：陈 涛 焦 丽
责任校对：康 悦　　　　　责任印制：马 洁

前　言

每个人的一生中，都离不开文学的熏陶。在童年时吟唱过的儿歌、诵读过的诗、听大人讲过的童话、和伙伴们一起表演过的故事，都会成为一生的美好印记。正如习近平总书记所说："古诗文经典已融入中华民族的血脉，成了我们的基因。我们现在一说话就蹦出来的那些东西都是小时候记下的。"人们在童年时期接触过的文学作品，会成为长期积淀下来的一种感情，流淌在个体生命的岁月长河中，每每念起都令人清醒、牵念和思索。

这本《幼儿文学阅读与指导》教材，旨在引导学生通过对幼儿文学作品的阅读、鉴赏和创编训练，进一步观照儿童思想精神、情感心理、价值愿望与生存状态，陶冶思想与情感、净化心灵与精神。

1. 教材指导思想

本教材以习近平新时代中国特色社会主义思想为指导，围绕职业院校办学定位，紧密对接我国学前教育发展需求，致力于培养具有良好幼儿文学底蕴的幼教人才，丰富其文学理论知识、助力其阅读实践、增益其人文素养。基于此，本教材贯穿"知识传授、能力培养、价值塑造"三位一体育人理念，在内容体系方面，构建一个"灵魂"与四个"基本点"相结合的思政内容体系。"灵魂"即培养学生幼儿文学观——坚持幼儿文学（儿童诗歌、童话故事、图画书等）是幼儿阅读的起点，是幼儿园所有活动的教育资源。

教材内容本身与教师的专业发展密不可分，本教材注重将教材内容与"四有"好老师的培养紧密结合，具体如下：

（1）有理想信念（社会主义核心价值观、职业理想、文化自信），即重视中国优秀儿童文学作品的独特价值；

（2）有道德情操（师德师风、遵纪守法、职业操守），即遵守教师职业道德，刻苦钻研业务，积极支持与引导幼儿阅读自己国家、民族的优秀文学作品；

（3）有扎实学识（文化素养、授业底蕴、解惑能力），即掌握指导幼儿阅读文学作品的知识，能够因地制宜地引发、支持和促进幼儿阅读；

（4）有仁爱之心（热爱学生、尊重学生、理解学生），即尊重幼儿阅读兴趣，指导幼儿阅读经典。

2. 教材目标设计

本教材依托幼儿文学阅读课程的特点，将知识、能力、素质目标与思政目标融合，旨在培养具有良好专业素质，有科学幼儿文学观、厚实幼儿文学理论功底和研究精神的，有广阔儿童文学视野的，有较强文学活动组织能力和阅读指导能力的，适应于当下幼儿教育需要的应用型、实践型、创新型人才。具体体现如下。

知识、能力、素质目标：

（1）能够概括幼儿文学理论的基本要点，澄清基本观念，线上线下广泛阅读、经典共读，用不同方法归纳、描述、分析作家作品，评判、思辨幼儿文学领域的现象与问题；

（2）能够认同并践行幼儿文学规律，选择作品进行阅读、讲演，个性化创编儿歌、幼儿诗、童话、寓言、故事与绘本，掌握促进幼儿阅读、语言表达等能力发展的有效策略；

（3）持续关注早期阅读理论发展及实践动态，批判性审视文学审美、认知、教育与娱乐的作用，具有一定的人文素养、创新意识和批判性思维，兼具国际视野与中国情怀。

思政目标：

（1）理解幼儿文学的本质和特征，树立科学的幼儿文学观；

（2）深植家国情怀，树立立德树人的价值目标；

（3）比较理论差异，增强文化自信，培养探究、思辨、反思性实践的职业素养。

具体而言，本教材注意将思政引领作用贯穿于知识讲解、作品赏析及阅读实践的全过程，实现知识、能力与价值的"三重聚焦"，强调中国情怀融入鉴赏情感，突出中国原创幼儿文学作品的学习与应用。教材使用过程中，我们可充分挖掘其思政教育元素，如下表。

教材章节与课程思政对照表

单元序号	单元名称	课程思政案例	课程思政元素
第一单元	幼儿文学基本理论	《幼儿园教育指导纲要（试行）》《面向21世纪教育振兴行动计划》对幼儿早期阅读与发展的相关内容，中国绘本《牛牛和虎子》等	随着《幼儿园教育指导纲要（试行）》的颁行与学前教育领域思想的解放与改革，我国早期阅读逐渐得到大众的关注，越来越多的中国人形成共识：孩子的成长源于阅读，早期阅读的影响力不可忽视
第二单元	儿歌	字头歌、时序歌等中国儿歌及童谣作品	领会"中国童谣"的魅力，激发学生对我国优秀传统文化的热爱
第三单元	幼儿诗	《春天是这样来的》等多首中国幼儿诗作品	读中国人写的幼儿诗，感受中国儿童的快乐童年
第四单元	童话	中国童话史、中国童话	关于中国童话史、中国童话的介绍，可激发学生民族自信与文化自信
第五单元	寓言	《守株待兔》等中国寓言	带领学生感受中国寓言的奇妙，体会寓言中的中国智慧
第六单元	幼儿故事	《十二生肖的故事》《谁勇敢》等多个中国故事	领略中国故事的美妙，感受中国现当代儿童的生活
第七单元	图画书	《荷花镇的早市》《小石狮》等中国原创图画书	21世纪，在中国兴起了原创图画书创作热潮，产生了诸多富有中国优秀传统文化特色的作品，形成了图画书领域的"中国风"
第八单元	幼儿戏剧	《小蝌蚪找妈妈》等幼儿戏剧剧本	拓展阅读中国幼儿戏剧的历史，感受中国幼儿教育的迅猛发展势头

3. 教材内容结构

本教材注重理实一体、实践为重。教材在注重幼儿文学理论讲授的基础上，着重于作品实例的分析，使学生能在了解幼儿文学作品的特点、作用和基本结构的基础上，掌握幼儿文学作品的表达技巧，学会欣赏与评价幼儿文学作品；着重于各种文体的写作，使学生能够根据幼儿的年龄特点和各种文学体裁特点，尝试创作各类幼儿文学作品；着重于具体作品的演练，学习如何进行儿歌、幼儿诗、童话、幼儿故事、图画书、幼儿戏剧的教学活动，力图使学生能够以幼儿的眼睛去看，以幼儿的心灵去体会，设计出幼儿喜欢的活动，学会将作品应用于教育教学实践之中。

基于这样的认识，本教材主体内容在原有"理论＋赏析＋创编"思路的基础之上，在各章增添了"教学活动指导"这一重要部分。这部分以在幼儿园一线经过反复雕琢的活动案例为主体，讲授如何进行各文体具体作品的教学实践。通过浅显易懂的语言与生动实用的实例操作，学生更便于把握实践中所需的幼儿文学知识。在编写过程中，我们得到了山东女子学院教育学院儿童文学研究所、青岛市儿童师范学校基础教研室、山东省实验幼儿园的大力支持与帮助，各位专家、同行对全书的编写提供了很多宝贵的意见，在此表示衷心感谢。

4. 教材形式和团队结构

本教材突出融媒体、产教融合、校企合作的特色。为更便于学生参考学习，我们为教材配备了部分微课和教育活动视频，学生可以扫描书中二维码观看，既提升预习、自学效果，又增强对幼儿园教育活动实践场景的认识。此外，本教材在修订时，在原有教材编写人员的基础上，将山东省实验幼儿园、济南市历下区紫苑幼儿园、青岛市李沧区惠水路幼儿园等幼教一线的名师纳入编写团队，邀请山东省实验幼儿园郭玉村园长、济南大学从事国内外儿童文学研究多年的马希武等老师一起参与本次修订，充分调动社会力量、合作参与教材开发编写，将来自幼教一线的真实活动案例、课堂实录放入教材之中，将幼教领域行业发展的新规范、新理念、新思路纳入教材内容，反映幼儿教师职业能力要求，体现"产教融合""校企合作"两大特色。

本书编写人员如下：

刘海丽，文学博士，副教授，山东女子学院儿童文学研究所所长。

郭玉村，山东省实验幼儿园（南校区）执行园长，山东省特级教师，山东省教学能手。

朱福芳，文学博士，青岛市幼儿师范学校基础教研室教师。

马希武，副教授，济南大学外国语学院教师。

高小焱，副教授，山东女子学院教育学院小学教育专业教研室主任。

具体分工如下：第一、二、三、七单元由刘海丽撰写，第四、五单元由高小焱撰写，第六、八单元由朱福芳撰写，第七单元的理论部分由马希武撰写，第二、三、四、六、七章的教学活动指导由郭玉村撰写或指导。整体内容注重学术基础与实践应用的结合，力求"好用""实用""用好"。

由于能力水平及时间有限，书中难免有错漏和不妥之处，殷切期盼各位专家、同行批评指正。因客观条件所限，未能——联系书中所引作品的作者，如有版权问题或宝贵建议，请发邮件到 398100262@qq.com，帮助我们不断进步，不胜感激。

编　者

目　录

第一单元　幼儿文学基本理论 / 1

　　第一课　什么是幼儿文学 / 2

　　第二课　幼儿文学接受主体的特殊性 / 4

　　第三课　幼儿接受文学的方式与方法 / 9

　　第四课　幼儿文学的特征 / 11

　　第五课　幼儿文学的作用 / 13

第二单元　儿　歌 / 19

　　第一课　儿歌理论 / 20

　　第二课　儿歌的阅读指导 / 21

　　第三课　儿歌的创作指导 / 34

　　第四课　儿歌教学活动指导 / 39

第三单元　幼儿诗 / 45

　　第一课　幼儿诗理论 / 46

　　第二课　幼儿诗的创作 / 63

　　第三课　幼儿诗作品阅读与欣赏 / 70

　　第四课　幼儿诗教学活动指导 / 76

第四单元　童　话 / 83

　　第一课　童话理论 / 84

　　第二课　童话的艺术特征 / 92

　　第三课　童话作品阅读与欣赏 / 99

　　第四课　童话教学活动指导 / 137

第五单元　寓　言 / 144

　　第一课　寓言理论 / 145

　　第二课　寓言与童话的区别 / 150

　　第三课　寓言作品阅读与欣赏 / 152

第六单元　幼儿故事 / 159

　　第一课　幼儿故事理论 / 160

　　第二课　幼儿故事阅读与欣赏 / 164

　　第三课　幼儿故事的创作与改编 / 167

　　第四课　幼儿故事教学活动指导 / 169

第七单元　图画书 / 178

　　第一课　图画书理论 / 179

　　第二课　图画书阅读指导 / 188

　　第三课　图画书的创作与改编 / 195

　　第四课　图画书经典作品推荐 / 199

　　第五课　图画书教学活动指导 / 207

第八单元　幼儿戏剧 / 212

　　第一课　幼儿戏剧理论 / 213

　　第二课　幼儿戏剧作品阅读与欣赏 / 216

　　第三课　幼儿戏剧的改编 / 222

　　第四课　幼儿戏剧教学活动指导 / 224

第一单元
幼儿文学基本理论

学习目标

1. 领会幼儿文学的内涵，即什么是幼儿文学。
2. 了解幼儿文学的接受主体即幼儿的特殊性。
3. 掌握幼儿文学的文本特征与美学特征。

导语

在避暑乘凉的夏日，或者寒风呼啸的冬日，幼时的你可能听过一个故事，这个故事非常神奇美妙；也可能学会了一首朗朗上口的儿歌，从此萦绕在脑海里很多年……一个故事、一首儿歌、一首小诗，不仅增长了幼儿的知识，也带给幼儿无比的欢乐。幼儿文学以其独特的艺术魅力和美学价值，深深吸引和滋养着一代又一代的幼儿，对幼儿身心健康成长发挥着难以言说又不可替代的作用。要成为一名合格的幼儿教师，就应该了解幼儿与文学之间的奇妙联系，学好幼儿文学，让文学成为幼儿生活里的一道亮丽的风景。

第一课　什么是幼儿文学

"幼儿文学"这个概念包括了"幼儿"和"文学"两个关键词，要解读它的内涵，必须先明确以下两个问题。

一是何为幼儿？"幼儿"这个词语，从字面上来看是指年幼的儿童，而"儿童"泛指 0～18 岁的未成年人。发展心理学把 0～18 岁的发展时期分为新生儿期（0～1 个月）、乳儿期（1 个月～1 岁）、婴儿期（1～3 岁）、幼儿期（3～6 岁）、童年期（6～12 岁）、少年期（12～15 岁）和青年初期（15～18 岁）。蒋风在其主编的《幼儿文学》一书里，依次将为 0～3 岁、3～6 岁、7～12 岁和 13～18 岁儿童服务的文学定义为婴儿文学、幼儿文学、儿童文学和少年文学。目前学界普遍认同的是，幼儿文学是指为 0～6 岁的学龄前儿童服务的文学，它的主要接受对象是 3～6 岁的幼儿。

二是何为文学？"文学"这个词语，从通常意义上来讲，是指以语言为手段塑造形象来反映社会生活、表达作者思想感情的一种艺术，包括诗歌、散文、戏剧、小说等体裁，而在各种文体中，又有多种多样的艺术表现手法。我们每个人都曾领略过文学的魅力，从幼时的"床前明月光"，到李杜诗篇、莎士比亚戏剧，再到当代网络小说，文学无处不散发着灿烂的光辉，呈现出多姿多彩、壮丽辉煌的图景。

领会了"幼儿"和"文学"这两个关键词的内涵后，我们应该对"幼儿文学"确立以下两个方面的认知。

一方面，幼儿文学必须是"文学"。

幼儿文学具有文学的一般特性，符合文学创作的一般规律。

第一，文学是语言的艺术，要通过语言文字来塑造艺术形象。幼儿文学也是如此，语言文字是幼儿文学的重要表现工具。

第二，文学通过创造艺术形象来反映社会生活。幼儿文学也是如此，如安徒生的《卖火柴的小女孩》《皇帝的新装》，这些作品刻画的都是现实生活，虽然抹上了幻想的色彩，但仍可以给小读者展示一幅幅形象的社会生活图景。

第三，文学通过艺术形象发挥教育作用，这也是幼儿文学的一个重要特点。例如，鲁兵的《小猪奴尼》教育幼儿要讲卫生、爱清洁，这是幼儿文学教育功能的一个典型体现。

第四，文学作品充满想象和幻想的色彩，而幻想也是幼儿文学最主要的特征之一。幼儿在童话世界里可以尽情地自由翱翔，这对促进他们想象力、创造力的发展具有不可替代的作用。

另一方面，幼儿文学必须是"幼儿"的文学。

第一，幼儿文学必须是"幼儿"的文学。《幼儿园教育指导纲要（试行）》指出，应"引导幼儿接触优秀的儿童文学作品，使之感受语言的丰富和优美，并通过多种活动帮助幼儿加深对作品的体验和理解""利用图书、绘画和其他多种方式，引发幼儿对书籍、阅读和书写的兴趣，培养前阅读和前书写技能"[1]。因此，幼儿文学的题材应以幼儿熟悉的生活为主，反映幼儿的想象世界，培养幼儿的优良品质，如勇敢、爱劳动、讲卫生、团结互助、爱父母、不自私等。以《漱口歌》为例。

漱口歌

张友珊

手拿小花杯，喝口清清水。

抬起头，闭上嘴。

咕噜咕噜咕噜咕噜，吐出水。[2]

这首儿歌反映的是幼儿园的日常生活，形象地展现了幼儿漱口的情景。幼儿在学习这样的儿歌时，会有熟悉、愉悦的生活体验。

第二，幼儿文学是幼儿能够接受的文学。作为幼儿文学的接受主体，3～6岁幼儿的身心发展具有特殊性和多样性，他们的语言正处于发展阶段，识字量小，独立欣赏文学作品的能力较低，需要成人的帮助。因此，幼儿文学的创作要考虑到幼儿的接受能力，主题上单一、鲜明、突出，形象上富有动感，语言上浅显易懂，少用成人的语言，如"小鸭心情很不好，可是母鸡不理解它"，其中，"心情、理解"很抽象，幼儿很难理解，如果改成"小鸭心里很难过，可是母鸡不知道"，幼儿就懂了。

综上所述，我们对幼儿文学的定义为：以 3～6 岁幼儿为主要接受对

---

[1] 中华人民共和国教育部：《幼儿园教育指导纲要（试行）》，3 页，北京，北京师范大学出版社，2001。

[2] 虞永平、张春霞：《生活化游戏幼儿园课程教师参考书（小班上）》，100 页，北京，教育科学出版社，2004。

象，符合幼儿发展需求、适合幼儿接受并具有独特艺术性和丰富价值的各类文学作品的总称。一般而言，针对3～6岁年龄段幼儿的特点，幼儿文学应注重娱乐和趣味，篇幅短小，情节单一，故事性强，想象丰富，形象具体、鲜明，语言简洁、明快，并富有韵律和节奏感，使小读者一听就了解，一看就懂。另外，幼儿文学在表现形式上应图文并茂，或以图为主，多采用儿歌、幼儿诗、童话、图画书等形式来表现。

本课回顾

学习要点	掌握程度	自我评价
幼儿年龄分段	熟练掌握	☆☆☆☆☆
幼儿文学必须是"文学"	明确理解	☆☆☆☆☆
幼儿文学必须是"幼儿"的文学	明确理解	☆☆☆☆☆
幼儿文学的定义	理解并掌握	☆☆☆☆☆

第二课　幼儿文学接受主体的特殊性

幼儿文学的读者群是十分特殊的，既有幼儿又有成人。幼儿是幼儿文学的主要读者，即接受主体。成人接触幼儿文学，有的是出于身份或职业的需要（如作家、教师），有的则是因为在阅读天性上、文学心灵的深处和幼儿、幼儿文学有一种沟通、默契和认同感，如美国克里斯·范·奥尔斯伯格的图画书《极地特快》，成人和幼儿的一样喜欢。当前还有一种成人读者，那就是幼儿家长。在亲子阅读热潮的推动下，越来越多的家长捧起了幼儿文学的书籍，与幼儿一起阅读丰富多彩的图画书、童话、儿歌等，既给幼儿带来了温馨的体验，又激发了幼儿阅读、学习的兴趣。

作为幼儿文学的接受主体，幼儿具有不同于成人读者的特殊性。幼儿时期是个体发展的重要时期，随着生理上的发育，他们的活动范围开始由家庭走向幼儿园，人际交往范围逐渐扩大，这使得他们形成了一定的思想感情、行为规范和社会经验。幼儿文学是为幼儿创作的文学，有助于幼儿认识自然、认识自己、了解社会，能促进幼儿心智发展和健康成长，所以幼儿文学是一种具有特殊性质的文学。优秀的幼儿文学作家必须了解幼儿文学的特殊性，优秀的幼儿文学作品必须能够了解并反映幼儿的生理特征、心理特征、语言特征及审美特征。

一、感知觉

3～6岁幼儿在认知活动中，是借助形状、颜色、大小、声音等来认识世界的，他们对于世界的观察呈现出大轮廓、粗线条的特点，体现在对幼儿文学作品的要求上，就是往往注重对人物外部形象的描写。例如，在《长袜子皮皮》中，皮皮的形象为满头红发、小辫子翘向两边、脸上布满雀斑、大嘴巴、牙齿整齐洁白，脚上穿着长袜子，一只是棕色的，另一只是黑色的，鞋子正好比她的脚大一倍。这种鲜明而又夸张的形象很容易吸引幼儿的注意力，有利于幼儿掌握人物的性格特点和故事内容。

鉴于幼儿的年龄特点，他们对空间和时间的知觉水平较低，表现在幼儿作品之中，就是时间概念相对模糊。例如，在童话故事里，往往会有"很久很久以前……在一个……住着……"这种模式的叙事结构。

二、语言

幼儿时期是幼儿言语发展最迅速的时期。对于幼儿来说，名词、动词、形容词掌握得较多，而虚词掌握得较少。句型以简单句为主，如幼儿会用"因为……所以……""又……又……"等句式。体现在幼儿文学上，就要求语言浅显易懂，富有音乐性和节奏性，突出形象性和动作性。

例如，为突出语言的形象性，我们常常可以用模仿事物声音的方法，使幼儿感受声音的特点，体验内容的乐趣。《风》这首诗的表现方式就很形象。

风

黄淑琦

风最讨厌了

每次都偷偷地掀起我的裙子

然后在旁边大叫

羞！羞！羞！

真是气死我了①

再如，为突出语言的动作性，柯岩的《小熊拔牙》是这样描述小熊做事

---

① 孔维民：《儿童文学的基本原理与创作》，232页，太原，山西人民出版社，2012。

马马虎虎的。

小熊拔牙

柯岩

先洗洗小熊眼，

再擦擦熊嘴巴；

熊鼻子抹一抹，

熊耳朵拉两拉；

熊头发梳三下，

嗯，就不爱刷牙。[①]

想一想

修改下面这句话的用语方式，使之适合幼儿阅读：

老狼掉到陷阱里去了，原来猎人早已设好圈套。

三、注意与记忆

在幼儿期，幼儿以机械记忆为主，无意注意占据优势。一般而言，3岁幼儿集中注意力的时间为3～5分钟，4岁幼儿集中注意力的时间为10分钟左右，5～6岁幼儿集中注意力的时间为15分钟左右。体现在幼儿文学的创作上，就要求作品开头尽量简短，故事情节生动、曲折、有趣，篇幅不宜过长。那些韵律感强的儿歌、幼儿诗及情节生动的生活故事往往是幼儿所乐于接受的。

想一想

幼儿园各年龄班教学活动的时间是多长呢？

四、思维与想象

想象既是幼儿的首要乐趣，也是他们自由的标志。幼年是培养和发展幼儿想象力的最佳时期，幼儿思维以形象思维为主，抽象思维刚开始萌

---

① 柯岩：《帽子的秘密》，171页，武汉，湖北少年儿童出版社，2006。

芽，幼儿文学则是发展幼儿想象力的最佳载体。在女作家阿斯特丽德·林格伦的《小飞人卡尔松》中，卡尔松的肚子上安着一个按钮，背上安着一个螺旋桨，只要一按肚子上的按钮，卡尔松就会飞起来。这一形象非常符合幼儿想飞的心理特点，受到了幼儿的喜欢。在教学中我们发现，经过幼儿文学优秀作品熏陶的幼儿，往往具有很好的想象力和创造力。例如，某幼儿教师曾教给幼儿一首幼儿诗《大惊喜》。

大惊喜
韦苇

蘑菇们在地下，

一定开过会，

共同商量好：

等到星期六，

或是星期天，

那个嘴边凹着酒窝的小姑娘

一走进林子来，

咱们一、二、三

就一齐冲出地面去，

白生生的一片，

白生生的一片，

呵，

白生生的一片，

给她大大的一个大惊喜！[①]

幼儿听完这首诗之后，很是兴奋，如"蘑菇和小女孩是好朋友，它们要给小女孩一个大惊喜""我过生日的时候，我妈妈也给了我一个惊喜""我也想要惊喜"。他们自主选用了画的画、捏出的橡皮泥造型、小贴画、从幼儿园里捡来的漂亮树叶，互相给小伙伴们赠送"惊喜"。这个送惊喜的活动持续了好几天，幼儿在此过程中兴高采烈地制造"惊喜"和接受"惊喜"，体验到了许多乐趣。

总之，幼儿文学能启迪幼儿的想象力和热情，极大地拓展他们的思维

---

① 韦苇：《听梦——韦苇童诗选》，32页，上海，复旦大学出版社，2014。

空间和创造力，引导他们去憧憬和探索这个充满奥妙的世界。

五、情感

幼儿的感情非常丰富，同时幼儿也最容易被感染。幼儿文学作品就是以形象来丰富幼儿的情感的，幼儿能从作品中体会到各种情感。在一所幼儿园中班的小朋友开展的图画书欣赏活动中，教师向幼儿讲授了《牛牛和虎子》这本图画书，这是一个关于地震的故事。地震后，牛牛幸存了下来，但他时常想念爸爸、妈妈、老师、同学，还有他的好朋友柱子。经过了这次灾难，他由平时让别人照顾，转变为懂得如何去照顾别人，如照顾失去家人的虎子。当教师讲完这本图画书后，全班幼儿鸦雀无声，过了一分钟，教师轻声地问幼儿："你们在想什么？"一个幼儿说："老师，牛牛和虎子太可怜了，我想和他们在一起。"另一个幼儿说："老师，牛牛的爸爸和妈妈是不是死了？牛牛是不是还不知道？"还有一个幼儿说："老师，我想把我们学的地震知识告诉牛牛和虎子，让他们学会保护自己。"幼儿深刻的同情心与细腻的情感让人非常感动！活动结束后，教师感慨地说："幼儿的情感非常真实、细腻，他们的感受非常丰富！"是的，幼儿期是人生中最富于感受力的时期，幼儿敏感而细腻的感受力并不逊于成人，正如朱光潜先生把幼儿泛灵的观念看作"宇宙的人情化"一样，"人情化可以说是儿童所特有的体物的方法"[1]。

本课回顾

学习要点	掌握程度	自我评价
幼儿文学的接受主体	明确掌握	☆☆☆☆☆
幼儿的感知觉	了解	☆☆☆☆☆
幼儿的语言发展特征	了解	☆☆☆☆☆
幼儿的注意与记忆	了解	☆☆☆☆☆
幼儿的思维与想象	了解	☆☆☆☆☆
幼儿的情感	熟练掌握	☆☆☆☆☆

---

[1] 朱光潜：《谈美》，185 页，北京，生活·读书·新知三联书店，2012。

第三课　幼儿接受文学的方式与方法

　　幼儿对文学的接受，可以通过幼儿园教学、游戏、日常生活、环境创设、家园合作、特色活动等来实现。例如，在表演游戏中，小班可以幼儿熟悉的文学作品为基础，提供成品道具，在教师的引导下开展表演活动；中班可以提供手指偶、木偶等道具，引导幼儿进行合作表演；大班可以引导幼儿根据故事情节自己制作道具，协商排练，开展演出。当然，不仅在教学和游戏活动中能够体现幼儿文学，一日生活的各环节也可以渗透幼儿文学的内容，实现"润物细无声"的效果。同时，创设良好的环境、举行特色活动也是幼儿文学活动教育的重要途径。

　　幼儿对文学的接受方式，是一个开放性的问题。幼儿的年龄特点决定了幼儿接受文学的方式以口头语言为主，结合书面语言（文字）、图画以及视听画面、象征物（如玩偶）等元素。实际上，学界对此有着多样的见解，围绕着"适合幼儿"这个核心，探讨出了多种使幼儿接受文学的方法。

一、朗读讲述法

　　随着时代的发展，现代社会为幼儿提供了大量图文并茂的图画书，但这并没有从根本上改变幼儿文学依赖于听觉的接受方式。一方面，无文或少文的图画书须通过成人的"串讲"才能使婴幼儿产生强烈的、反复翻看的兴趣；另一方面，幼儿文学作品主要还是以文学出版物的形式出版的，只有通过成人的诵读或讲解，把无声的文字转化成有声的语言，才能使婴幼儿接受。所以，听赏是幼儿接受文学的主要方式。一般而言，成人在给幼儿朗读讲述文学作品之前，可以设计一个简单的开场；在朗读或讲述的过程中，可以边讲边提出问题，尽量用生动形象的语言来表达，充分发挥肢体语言的辅助作用，并注意给幼儿留下适当的发挥空间。

二、配图、配乐法

　　图画是幼儿理解文学的重要途径，它是一种直观性的艺术，包含很多艺术要素，如构图、色彩、线条、造型等。直观的图画有利于幼儿理解故事，而音乐的加入则更有助于幼儿体验作品的感情。例如，五味太郎的图画书《鳄鱼怕怕 牙医怕怕》，当幼儿看到这本书的封面时，就可以通过观察鳄鱼和牙医的表情来体会双方内心的恐惧。

《鳄鱼怕怕 牙医怕怕》①

三、表演欣赏法

幼儿文学作品中鲜活而有趣的角色是幼儿爱模仿的对象。针对一些语言简单、情节不太复杂的文学作品，我们可以提供角色表演的场地、道具，指导幼儿"走"入作品，并在角色扮演的过程中体验、理解作品。例如，故事《三只蝴蝶》情节简单，对话重复，可以引导幼儿先学习角色语言，再用动作进行角色表演。其间，尝试用委婉的语气恳求，用肯定的语气拒绝，使幼儿通过想象和表现，理解三只蝴蝶的心理和情绪。

四、游戏体验法

在幼儿文学作品中，有的作品具有离奇的情节、特定的动作，这在幼儿看来就像是一场超级游戏。在开展这类活动时，我们要让幼儿根据自己对作品的理解，去尽情地游戏，在动作中体验、理解作品。例如，在儿歌《捉迷藏》中，我们可以以捉迷藏的游戏展开，使幼儿轻松说准方位词，体验作品带给他们的惊喜和快乐。

五、阅读欣赏法

阅读欣赏的特点是以个人活动为主，可以充分发挥幼儿的主动性、想象力，这样有利于初步培养幼儿的阅读能力，使幼儿养成安静、专注的阅读习惯，学会思考图片之间的关系，发展思维。

本课回顾

学习要点	掌握程度	自我评价
幼儿接受文学的方式与方法	熟练掌握	☆☆☆☆☆

---

① ［日］五味太郎：《鳄鱼怕怕 牙医怕怕》，台北上谊文化实业股份有限公司编辑部译，济南，明天出版社，2013。

第四课　幼儿文学的特征

幼儿文学作为儿童文学的一个重要组成部分，其接受主体的特殊性及接受文学的特殊方式，决定了幼儿文学从形式到内容都有别于成人文学，有着自身独有的特征。

一、幼儿文学的本体特征

(一)幼儿文学是开启幼儿心智的启蒙文学

幼儿文学包罗万象，有利于幼儿认识世界的万事万物，帮助幼儿了解一些日常生活的内容，引导幼儿参与语言、思维、想象等活动，对幼儿的身心健康成长起着启蒙作用，如《布谷》。

布　谷
陶行知

布谷布谷，快快布谷。如不布谷，没米煮粥。

如要煮粥，快快布谷。布谷煮粥，煮粥布谷。[①]

(二)幼儿文学是深入浅出的口头文学

幼儿主要是通过"听"来接受文学的，浅显明白、直观形象、优美规范是幼儿文学对语言的基本要求。浅显不是照搬幼儿口语，在作品中故作娃娃腔，而是在幼儿所能掌握的词语范围内讲述故事。例如，同样是写浪花，杨慎的描述是"滚滚长江东逝水，浪花淘尽英雄。是非成败转头空。青山依旧在，几度夕阳红"[②]，当面对这样的诗句时，幼儿是很难理解其深厚的内蕴和深远的意境的。但如果写成"浪花，浪花，哗、哗、哗，蹦蹦跳跳跑来了，好像娃娃跟我耍。浪花，浪花，露白牙，咬着我的小脚丫，转眼藏起不见了"[③]，在倾听这样的诗句时，幼儿就会有亲切、愉悦的体验并乐于接受。

(三)幼儿文学是趣味盎然的快乐文学

成人文学强调从历史的深度和时代的高度去开掘题材内容，讲究历史

---

① 陶行知：《行知诗歌集》，84 页，北京，生活·读书·新知三联书店，1981。
② (明)杨慎著、(清)孙德威辑注：《二十五史弹词辑注》，45 页，北京，中国华侨出版社，2014。
③ 冬木、崇仁：《春娃娃的歌》，81 页，长春，吉林人民出版社，1984。

的、文化的积淀，幼儿文学则强调以幼儿为本位，讲究表现儿童生活、人道精神、温暖与快乐、幽默与智慧、想象与幻想等。因此，幼儿文学对幼儿的启蒙是在快乐的前提下进行的。优秀的幼儿文学作品充满了幼儿情趣，它以生动活泼的语言、曲折有趣的情节、天真稚拙的童真感染着幼儿，带给他们无穷的快乐。有的作品并不蕴含着什么道理和深意，只是单纯地令人感觉快乐，如美国佩特·哈群斯的图画书《母鸡萝丝去散步》，色彩明媚，故事幽默，语言简单流畅，深受全世界儿童的喜爱。

二、幼儿文学的美学特征

(一)纯真美

幼儿的心灵是单纯而明净的，他们真诚地对待一切事物，这种童真表现在文学作品中就形成了一种极为透明、至纯至真的美。幼儿文学作品主要是借助于其中人物的言行、心理活动等表现童真的，集中于在形象刻画中表现纯真美。例如，在美国阿诺德·洛贝尔的《寄给蛤蟆的信》这个故事里，当青蛙请求小动物们给渴望收信的蛤蟆写一封信时，小动物们的反应是"凭什么要写信给他呀?""他都丑死了!""就是啊!""我才不想写信给他呢!""青蛙是不是有病啊? 竟然要我们写信给蛤蟆?"这样的话语真实地反映了小动物们不加掩饰的心理活动，和幼儿童言无忌的纯真之美非常相似。

(二)稚拙美

稚拙是稚气、拙朴之意，它既是幼儿的生命特征，也是幼儿文学稚拙美的源泉，是只有幼儿才会有的独特的神态、语气和行为心理。幼儿文学的稚拙之美，主要是指借助人物的言行、心理、动作来表现幼儿特有的稚气和憨态，如《月亮歌》。

月亮歌

月亮走，我也走，

我和月亮手拉手。

星星哭，我不哭;

我给星星盖瓦屋。[①]

当我们读这样的儿歌时，可以想象一个稚嫩的娃娃，以一颗童心将

---

① 田中禾:《月亮走我也走》，107 页，北京，作家出版社，1993。

"月亮""星星"当作小伙伴，和它们一起"过家家"的情景，这恰是幼儿心理的体现。

(三)荒诞美

这里所指的"荒诞"与现实生活中所指的"荒诞"一词有所区别，它有变幻、幻想、奇异、怪异、难以置信等多种含义。相较于其他文学，幼儿文学更富于幻想，有更多的惊险色彩和神奇意味。例如，《爱丽丝漫游奇境记》里忽大忽小的爱丽丝，《木偶奇遇记》里一撒谎鼻子就变长的匹诺曹，《颠倒歌》里的"腊月酷热直流汗，六月爆冷打哆嗦"。在幼儿文学的世界里，会有上天入地、无拘无束的情节，也会有神奇荒诞、滑稽有趣的人物形象，这些在现实中不会发生的事情，却在幼儿世界里散发着奇妙的光芒。

本课回顾

学习要点	掌握程度	自我评价
幼儿文学的本体特征	理解并掌握	☆☆☆☆☆
幼儿文学的美学特征	理解并掌握	☆☆☆☆☆

第五课　幼儿文学的作用

作为一种启蒙文学，幼儿文学通过文学的手段，带给幼儿德、智、体、美多方面的熏陶和教育，对幼儿的性格、气质、志趣、理想的形成和发展产生深远的影响。郭沫若在《儿童文学之管见》中说："人类社会的根本改造总当从人的改造做起。而人的根本改造更当从儿童的感情教育、美的教育做起……文学于人性之熏陶，本有非常宏伟之效力，而儿童文学尤能于不识不知之间，导引儿童入于醇美的地域，更能启发其良知良能……是故儿童文学的提倡……最是起死回春的特效药。"[①]具体来说，幼儿文学对幼儿的作用主要表现在以下五个方面。

一、愉悦身心，丰富情感

高尔基说："儿童文学是快乐的文学。"快乐是人们共同的需要，对于

---

① 郭沫若：《儿童文学之管见》，载《民铎杂志》，1920(4)。

幼儿来说，快乐不仅能够振奋精神，还有利于他们的生长发育，对健全人格、增强自信心、培养积极乐观的人生态度有着不可低估的作用。幼儿文学是快乐的文学，充满纯真稚趣的游戏精神，既是幼儿天真烂漫生活的反映，同时也是他们审美心理的发生来源和发展基础，是幼儿的身体扮演和精神扮演之中的心理能量的释放与投射。具体来说，"幼儿是最无忧无虑、天真烂漫的，他们看待世界的独特眼光，处理问题的独特方法，使得他们的语言、行为、动作、心理时时表现得天真稚气、可爱又可笑，生活情趣极浓"①。优秀的幼儿文学作品总是善于营造游戏的情境、氛围，通过新奇有趣的情节、稚拙纯真的形象、色彩绚丽的图画、悦耳动听的音韵给幼儿展现一个有声有色、有情有趣的游戏世界，带给他们身心愉悦之感。

二、扩大视野，增长知识

幼儿文学可引导幼儿从自然人向社会人发展，学习生活技能与行为规范，增强对社会生活的适应性。

(一)向幼儿传递日常的生活知识

教师可采用朗朗上口的儿歌等，引导幼儿养成良好的、健康的生活习惯，如《我会刷牙》《沐浴歌》。

我会刷牙

小牙刷，手中拿，张开我的小嘴巴。

上面牙齿往下刷，下面牙齿往上刷。

左刷刷，右刷刷，里里外外都刷刷。

早晨刷，晚上刷，刷得干净没蛀牙。

刷完牙齿笑哈哈，露出牙齿白花花。

沐浴歌

沐浴水，沙沙沙，我们洗澡笑哈哈。

打香皂，擦一擦，身上开满泡泡花。

你帮我来搓搓背，我帮你来洗头发。

妈妈拍手喊宝宝："别忘洗洗小脚丫！"

(二)向幼儿传递社会的道德规范

人在幼儿时期可塑性最强，也最容易受到外界的影响。我国著名的儿

---

① 蒋风：《幼儿文学》，11页，郑州，郑州大学出版社，2013。

童教育家陈鹤琴就强调"教小孩要从小教起""一开始就要教好"。教育部《面向二十一世纪教育振兴行动计划》中也强调"实施素质教育，要从幼儿阶段抓起，要用科学的方法启迪和开发幼儿智力，培养幼儿健康的体质、良好的生活习惯、活泼开朗的性格与求知的欲望"。在对幼儿进行道德品质教育的过程中，幼儿文学是一种很好的形式和教材。幼儿不喜欢说教，而幼儿文学恰恰可以通过生动的形象，起到润物无声、潜移默化的作用。作品中所描写的人物，就是一个个榜样，具有很强的舆论导向性和感染力，在幼儿品德行为和习惯的形成中，发挥着特别的作用。例如，在意大利作家卡洛·科洛迪的《木偶奇遇记》中，小木偶匹诺曹要成为真正的男孩，就必须通过勇气、忠心以及诚实的考验。在历险中，他因贪玩而逃学，因贪心而受骗，还因此变成了驴子。最后，他掉进大鲸鱼的腹中……作品通过匹诺曹的一次次历险，向幼儿传达了只有具备诚实、勤劳、勇敢、善良等优秀品质，才能成为一个真正的人的道理，也间接地使幼儿了解到了社会的道德规范。

(三)增长幼儿的知识，培养幼儿的求知兴趣

幼儿文学中有许多体裁、题材包含着丰富的知识，如谜语歌、科学诗等，当幼儿接触到这样的作品时，他们会在阅读中学习知识，并滋生求知的欲望。例如，我们耳熟能详的《小蝌蚪找妈妈》，能使幼儿了解青蛙的相关知识。再如《长字歌》，可以让幼儿了解到这些知识点：谁的耳朵长、谁的胳膊长、谁的尾巴长，而末句的提问，则有利于促使幼儿积极思考，激发他们的求知欲。

长字歌

张永泰

小白兔，耳朵长；

长臂猿，胳膊长；

小松鼠，尾巴长。

动物园细细看，

什么动物腿儿长？[①]

---

① 金波：《中国儿歌大系·东北卷一》，190页，沈阳，辽宁少年儿童出版社，2015。

三、促进幼儿想象力的发展，增强幼儿的创造能力

幼年是培养和发展幼儿想象力的最佳时期，幼儿文学则是发展幼儿想象力的最佳载体。想象力是智力的重要组成部分，研究表明，想象力在儿童的学习和思维发展中具有重要作用。幼儿处于人生求知欲望最强烈的启蒙阶段，幼儿文学恰好紧紧抓住幼儿的这一心理特征，进行想象力的早期开发，让幼儿在各类幼儿文学作品的听读中，发展想象力，扩展想象空间，体会想象的乐趣，进而提高幼儿的思维水平，启发幼儿的创造精神。作为成人，我们不能用过于理性和世俗的眼光将幼儿文学视为浅陋的。

幼儿文学作品充满想象的因素，很容易刺激幼儿展开想象的翅膀，如《妹妹的红雨鞋》。

妹妹的红雨鞋

林焕彰

红妹妹的红雨鞋，

是新买的。

下雨天，

她最喜欢穿着

到屋外去游戏。

我喜欢躲在屋子里，

隔着玻璃看它们

游来游去，

像鱼缸里的一对

红金鱼。[①]

这首诗将着眼点放在"妹妹"的"红雨鞋"上，并借此生发联想，展开了一幅生动的生活画面。巧妙的比喻准确地抓住了事物之间的相似点，为幼儿架起了想象的桥梁，使幼儿自然而然地陶醉其中。

四、培养幼儿的美感，提高幼儿的审美能力

美感是一个人对事物的审美体验，是美的事物在观赏者心中所引发的

---

① 林焕彰：《妹妹的红雨鞋》，8 页，福州，福建少年儿童出版社，2015。

一种主观情绪和情感。审美能力的发展不是依靠抽象的讲授和告知就能奏效的，而是通过设身处地地体验和感受才能实现的。而幼儿文学恰恰为幼儿提供了这种体验和感受的渠道。幼儿文学蕴含着思想的美、情感的美、语言的美，能充分满足幼儿的审美需求，培养他们的审美意识，引导他们体会美、感受美。

幼儿由于生活阅历浅，审美经验比较缺乏，所以不善于发现周围事物中的美。而在幼儿文学作品中，作家恰好把那些日常生活中幼儿习以为常而又充满美感的事物提取出来，借助生动的艺术形象加以强化，使幼儿在心中自然而然地激起了强烈的审美感受。例如，《拇指姑娘》中写道："拇指姑娘的摇篮是一个光得发亮的漂亮胡桃壳，她的垫子是蓝色紫罗兰的花瓣，她的被子是玫瑰的花瓣……水上浮着一片很大的郁金香花瓣。拇指姑娘可以坐在这花瓣上，用两根白马尾作桨，从盘子这一边划到那一边。这样儿真是美丽啊！"[1]这些文字会给儿童带来无边的遐想，这些美好的艺术形象会让儿童沉浸其中，不知不觉地在心里产生强烈的审美感受。

五、陶冶幼儿的情操，健全幼儿的人格

幼儿文学作品能让幼儿通过语言表现的形象，下意识地产生移情心态，站在各种角色的立场上体验不同的道德观念，并随着作品的诱导做出道德判断。幼儿文学作品中美好的情操和高尚的人格会让幼儿受到熏陶，从而达到愉悦幼儿身心、健全幼儿人格的目的，如金波的《如果我是一片雪花》。

如果我是一片雪花

金波

如果我是一片雪花，

你猜，我会飘落到

什么地方去呢？

我愿飘落到小河里，

变成一滴水，

---

① ［丹麦］安徒生：《安徒生童话故事全集》，叶君健译，36 页，天津，天津人民出版社，2014。

和小鱼小虾游戏。

我愿飘落到广场上，
堆个胖雪人，
望着你笑眯眯。

我更愿飘落在妈妈的脸上，
亲亲她，亲亲她，
然后就快乐地融化。[①]

这首小诗表达情感的方式是独特的，或者可以说是具体可感的。小诗强调的是一种爱心的付出：先是给小生命以友谊，继而是让小朋友感到快活，最后是让妈妈获得爱的感动。而这一切，都融入"一片雪花"的意象之中了。

本课回顾

学习要点	掌握程度	自我评价
幼儿文学的作用	熟练掌握	☆☆☆☆☆

思考与练习

1. 幼儿文学的美学特征是什么？试举例说明。

2. 为什么说幼儿文学是快乐的文学？请谈谈你的认识。

3. 结合自己所学的专业谈谈学习幼儿文学的重要性。

4. 请阅读一首儿歌、一则幼儿童话，体会它们在语言上的特点，并说说幼儿文学的语言与成人文学的语言有哪些不同之处。

5. 幼儿文学的作用主要体现在哪些方面？试以作品为例具体说明。

学习反思

_____

_____

_____

---

① 金波：《屋顶上的小树》，10 页，北京，北京少年儿童出版社，2011。

第二单元
儿　歌

1. 了解儿歌的含义与演变。
2. 掌握儿歌的特征。
3. 熟悉儿歌的传统艺术形式，学会鉴赏儿歌。
4. 学习创作儿歌。
5. 学习儿歌教学活动的设计。

导　语

　　在幼儿教育的天地里，儿歌具有神奇的魔力。它能让幼儿非常快乐，也能让幼儿很容易地记住它，还能进入幼儿园的各门课程里面，时不时地出现在语言、健康、社会、科学、艺术这些领域的教学中，成为幼儿教师教学的得力小助手。那么要成为幼儿教师的你，知道什么是儿歌吗？你印象最深的儿歌是哪首？你小时候喜欢儿歌吗？

第一课　儿歌理论

一、儿歌的定义

在每个人很小的时候，儿歌就已进入了大家的生活领域。母亲哼唱的催眠歌就属于儿歌。童年时代的游戏也常常会有儿歌的伴随，如"我们都是木头人"的游戏。

儿歌是以低幼儿童为接受对象，用口语化的韵律唱诵的浅显易懂、朗朗上口的短歌。儿歌在古代也叫童子谣、童子歌、孺子歌、小儿语等。

二、儿歌的演变

儿歌在古代多为时政歌，也称为谶语。例如，《前汉纪》中有记载："一尺布，暖童童；一斗粟，饱蓬蓬。兄弟二人不相容。"[1]《述异记》中记录了秦始皇时期的儿歌："阿房，阿房，亡始皇。"[2]这些古老的童谣都与朝代的兴衰、重大的历史事件紧密相关。看似简单朴素的语句隐含着一种关于国运的玄机，有着很浓的政治色彩。其原因在于，这些童谣是由当时的成人特意创作，然后再教给幼儿，让他们在街头巷尾吟唱的。幼儿只觉得童谣音韵和谐动听，歌词简单、朗朗上口，并不曾探究其中的深意。所以这类童谣实质上并不是为儿童创作的，而是成人在当时的政治环境下曲折、含蓄地表达自己的不满或社会理想的载体。

15世纪至16世纪，在一些历史典籍中，儿歌的内容发生了某些变化。例如，明代地方志《帝京景物略》中就有这样的儿歌："杨柳儿活，抽陀螺；杨柳儿青，放空钟；杨柳儿死，踢毽子；杨柳儿发芽，打柭儿。"[3]在这里，我们终于看到了童年生活的活泼场景，而不是充满诡异色彩的占卜预言。也是从明代开始，一些文人开始专门搜集民间儿歌。例如，文学家杨慎就在他的《古今风谣》中辑录了大量童谣。1593年，吕坤所编辑的《演小儿语》

---

① 姜彬：《中国民间文学大辞典》，729页，上海，上海文艺出版社，1992。
② （梁）任昉：《述异记》，29页，武汉，湖北崇文书局，1875。
③ （明）刘侗、（明）于奕正：《帝京物略》，67页，北京，北京古籍出版社，1980。

可以说是中国最早的一部个人搜集的儿歌集。全书共收录了河南、山西、山东等地的儿歌 46 首。这些儿歌文字浅显，内容生动，便于口头传诵，如"相彼儿曹，乍悲乍喜。小事张皇，惊动邻里"①等教化小儿、朗朗上口的儿歌。

到了清代，郑旭旦于康熙初年编辑了儿歌集《天籁集》，书中收录了吴越地区儿歌 48 首。《天籁集》中所收的儿歌一般篇幅短小，节奏明快，读起来朗朗上口，且常用拟人手法。表达方式既有直叙式，也有问答式，形式丰富多样。除整齐的三、四、五、七言体外，也有长短句交错的杂言体。

而"儿歌"这个名词的初次出现，则是在 1896 年意大利人韦大利编选的《北京儿歌》中。民国初期，蔡元培、沈尹默等倡导歌谣运动，成立歌谣研究会，创月刊《歌谣》，正式确立了"儿歌"的名称。之后，五四新文化运动孕育了声势浩大的"歌谣运动"，我国现代意义上的儿歌得以产生，代表人物有顾颉刚、周作人、朱自清等。

1976 年，国际诗歌会创立了世界儿歌日，由 13 岁以下的儿童每年在 3 月 21 日举行庆祝活动，从此，3 月 21 日成为世界儿歌日。

本课回顾

学习要点	掌握程度	自我评价
儿歌的含义	熟练掌握	☆☆☆☆☆
儿歌的演变	明确理解	☆☆☆☆☆

第二课　儿歌的阅读指导

幼儿不一定能很好地把握儿歌的真正含义，但是儿歌的韵律和节奏所体现出来的音乐之美，对丰富幼儿的情感和认知却是有帮助的，能够增加幼儿的生活乐趣，陶冶幼儿的情操，开启幼儿的心智，提高幼儿的语言表达能力。我们在阅读欣赏儿歌时要把握好儿歌的特征、形式和表现手法。

---

① （清）张伯行：《养正类编》，79 页，北京，中华书局，1985。

一、儿歌的特征

儿歌具有口头文学的特征，结构单纯，篇幅短小，如《吃果果》。

吃果果

余非鱼

排排坐，吃果果。

你一个，我一个。

弟弟不在留一个。①

这首儿歌句式短，易诵易记，朗朗上口。从句式看，不固定，有二至七言不等；从分节看，有1~3节，所以句式和分节便成了儿歌特殊的结构特点。从审美的角度来看，儿歌主要具有以下几个特征。

(一)单纯性

儿歌描绘的对象是单纯的，具有稚拙美。儿歌的内容结构简单，常用最简单的句式结构和最短的篇幅集中描绘幼儿的某一个活动，介绍某一个事物，说明某一个道理，如《蚱蜢》。

蚱 蜢

张继楼

小蚱蜢，

学跳高，

一跳跳上狗尾草。

腿一弹，

脚一跷：

"哪个有我跳得高！"

草一摇，

摔一跤，

头上跌个大青包。②

这首儿歌描绘的是小蚱蜢蹦蹦跳跳的画面，作者却把它想象成小蚱蜢在学跳高，并刻画出小蚱蜢初学跳高时忘乎所以的得意神情，语言表达十

---

① 余非鱼：《快乐儿歌找不同》，39页，长春，北方妇女儿童出版社，2008。
② 张贤明：《天上的街市——最美的现代童诗》，78页，北京，现代出版社，2015。

分简洁明了，"跳""弹""跷""摇""摔""跤"这几个动作在幼儿身上也是很常见的。"腿一弹，脚一跷"以生动的细节勾勒出了小蚱蜢刚学会跳高时的自得模样，"草一摇，摔一跤，头上跌个大青包"写出了小蚱蜢由于洋洋自得而摔跤的情形。"跳高—骄傲—摔跤"这个简单的画面告诉幼儿凡事不能骄傲，极具讽刺效果却又幽默风趣，让人回味无穷。

(二)形象性

儿歌所描绘的任何事物，所介绍的任何知识、活动都是具体的，突出形、色、声的特点，能给幼儿留下感官上的印象。幼儿对客观事物的认识是从具体形象开始的，通过客观事物的形状、色彩、声音来思考并理解周围的世界。只有有声、有色、有形的事物表现出最突出、最具体的特征，才能被幼儿所接受，如《大西瓜》《月儿》。

大西瓜

金近

大西瓜，圆又圆，切开就变两大碗，

你吃一大碗，

我吃一大碗，留下空碗当小船。[1]

作者把切开的西瓜比作大碗，非常形象贴切。

月　儿

许浪

月儿弯弯，

像只小船，

摇呀摇呀，

越摇越圆。

月儿圆圆，

像个银盘，

转啊转啊，

越转越弯。[2]

月亮的圆缺变化本是自然现象，作者用极富动感的两个词"摇"和"转"

---

① 金近著、颜学勤编：《金近作品精选》，368页，石家庄，河北少年儿童出版社，1996。

② 张中义：《河南新文学大系·儿童文学卷》，110页，开封，河南大学出版社，1996。

加以描写，引发了幼儿对月亮的无限遐想。在"摇呀摇呀"中，幼儿似乎看到了月儿由弯弯的小船变成了圆圆的银盘，在"转啊转啊"中，圆圆的银盘又变成了弯弯的小船。这一"摇"一"转"，使简单的月亮圆缺的变化，演变成了孩子快乐的生活体验。

(三)音乐性

音乐性是一切诗体作品的共同特征，儿歌与其他诗体作品相比，更强调音乐性。因为儿歌以幼儿为接受对象，而幼儿对文学的接受更侧重于感官性接受。因此，儿歌强调听觉，重音韵效果，有很强的音乐性。儿歌的音乐性主要表现在以下两个方面。

一是鲜明的节奏。由诗句的停顿构成明显的节拍。三字句为两拍，五字句为三拍，七字句为四拍，如《小黄狗》。

小黄狗

小黄狗，汪汪叫，

吓了妹妹一大跳。

妹妹转身回来看，

原来哥哥学狗叫。

二是音韵和谐，好记易诵。押韵是儿歌音韵和谐最重要的手段，儿歌相关句子的最后一个字的韵母相同或相近，使儿歌读起来产生音韵上的和谐美，如《穿衣歌》。

穿衣歌

花花衣，真美丽，宝宝自己学穿衣。

小手伸进衣袖里，再把领子理一理。

扣子扣进小扣眼，一个一个对整齐。

再把衣襟拉一拉，对着镜子笑眯眯。

在形式上，儿歌的押韵有句句押韵，如谢武彰的《矮矮的鸭子》(句句押韵且一韵到底)；有隔句押韵，如《学猫叫》(首句及偶数行押韵)；也有变换韵脚，如《孙悟空打妖怪》(转韵自然和谐)；还有用一字押韵，如《好孩子》("字头歌"，每句以"子"结尾)。

矮矮的鸭子

谢武彰

一排鸭子，个子矮矮。

走起路来，屁股歪歪。

翅膀拍拍，太阳晒晒。

伸长脖子，吃吃青菜。

一排鸭子，个子矮矮。

走起路来，屁股歪歪。[1]

(四)游戏性

儿歌的一个实用价值是辅助游戏。诵、唱、戏、笑合为一体，歌戏互补，因而具有明确的游戏功能。儿歌往往与游戏相配合，游戏也总是与相应的儿歌相伴随，歌戏互补性成为儿歌的一个鲜明的特征。如《数数歌》，可在玩中认识数学。

数数歌

1 像铅笔细长条，2 像鸭子水上漂，

3 像耳朵听声音，4 像小旗随风飘，

5 像秤钩来卖菜，6 像豆芽咧嘴笑，

7 像镰刀割青草，8 像麻花拧一遭，

9 像勺子能吃饭，0 像鸡蛋做蛋糕。

《谜语歌》可以猜谜语，《踢毽子歌》可辅助踢毽子，手指游戏适合师幼互动，如《搭房子》。

搭房子

师：房子搭起来(双手手指头一一对应)

幼：我就搭起来(跟着老师做动作)

搭房子，搭房子，搭搭搭(双手比画房子的形状)

一门开开进不来(双手手指相合，打开合在一起的两个拇指)

二门开开进不来(打开合在一起的两个食指)

三门开开进不来(打开中指)

四门开开进不来(打开无名指)

五门开开，小朋友们请进来(双手分开，老师做邀请动作)

老师请进来(幼儿做邀请动作)

---

① 韦苇：《儿童文学》，8 页，重庆，重庆出版社，2000。

二、儿歌的形式

儿歌的形式指的是儿歌受到汉语语音、词汇的影响，在世代流传过程中逐渐形成的特殊形式，这些形式有的因内容形成，有的因功能形成，有的因语音形成，有的因词语形成。常见的特殊形式有以下几种。

(一)摇篮歌

印度著名诗人泰戈尔曾说过，"从母亲嘴里听来的歌倒是孩子们最初听到的文学"，摇篮歌往往即兴生情，随口吟来，风格自然朴实，如《摇篮曲》。

摇篮曲

陈伯吹

风不吹，浪不高，

小小的船儿轻轻摇，

小宝宝啊要睡觉。

风不吹，树不摇，

小鸟儿不飞也不叫，

小宝宝啊快睡觉。

风不吹，云不飘，

蓝蓝的天空静悄悄，

小宝宝啊你好好睡一觉。[①]

这首儿歌虽然每小节都渲染一种静谧的氛围，但有变化、有递进。风越来越小，四周越来越静谧，摇篮中的孩子正在悄然睡去。其间流露出一种温馨的母爱。摇篮曲的音调柔和动听，抒情性强，母爱永远是它的主旋律。

(二)数数歌

认识数是幼儿学习计算的第一步，但由于年龄小，幼儿对抽象的数字概念的把握有一定的困难。这种儿歌既有数序，又有计算，音韵和谐，节奏明快，将数字和形象结合起来，让幼儿通过数数吟唱就能认识数，如《五指歌》。

---

① 陈伯吹：《陈伯吹文集 3》，548 页，上海，少年儿童出版社，1997。

有的数数歌，没有什么情节或形象，但经作者的巧妙安排，有了韵律，从而便于幼儿掌握数序，如下面这首《数数歌》。

数数歌

一二三，

三二一，

一二三四五六七，

八九十，

到十一，

十二、十三、十四、十五、十六到十七，

十八和十九，

二十、二十一。

对于年龄稍大的幼儿来说，这首《数数歌》不仅有利于他们理解数序的概念，而且还可以训练他们计算的能力。

(三)问答歌

问答歌也称盘歌和对歌。它通过一问一答或连问连答的形式引导幼儿去认识事物，启发幼儿思考，提高幼儿观察事物、比较事物的能力，如《角》。

角

盖尚铎

一头牛，两只角，

两头牛，四只角，

三头牛，几只角？

别急，别急，

请看好——

要是牛犊没长角。

一张桌，四个角，

两张桌，八个角，

三张桌，几个角？

别急，别急，

请数好——

要是圆桌没有角。①

（四）颠倒歌（滑稽歌）

颠倒歌也称稀奇歌、滑稽歌、古怪歌、反唱歌。它通过大胆的想象、夸张的手法，有意颠倒所描写的某些事物和景象，形成十分荒唐可笑的情形。这类儿歌一般诙谐，意味深长，还能训练儿童辨别事物的能力。特点是正话反说，具有新奇的构思和幽默的风格，如《东西街，南北走》。

东西街，南北走

东西街，南北走，

出门看见人咬狗。

拿起狗来打砖头，

又怕砖头咬了手。②

（五）连锁调

连锁调又称连珠体、连环体、连句、衔尾式，是一种运用"顶真"辞格，使前一句诗的末尾一词作为后一句诗的开头，且每个层次转换韵脚的传统儿歌形式，如《做习题》。

做习题

邓德明

小调皮，做习题。

习题难，画小雁；

小雁飞，画乌龟；

乌龟爬，画小马；

小马跑，画小猫；

小猫叫，吓一跳。③

（六）绕口令

绕口令是一种训练幼儿语言和思维的带有游戏性质的儿歌。它多由读音相近又容易混淆的字组成句子。念时稍不慎就会发出错误的音，引人发笑，如《柿子》。

---

① 高帆：《实用儿歌鉴赏大全》，325 页，兰州，甘肃少年儿童出版社，1992。
② 蒋风：《中国传统儿歌选》，178 页，南宁，广西人民出版社，1983。
③ 高帆：《实用儿歌鉴赏大全》，824 页，兰州，甘肃少年儿童出版社，1992。

柿 子

柿子红，柿子黄，

柿子柿子甜似糖。

红柿子，树上长，

摘下柿子大家尝。①

　　这首绕口令有意识地用一些发音相近、容易混淆的字词组成诙谐风趣的儿歌，要求幼儿用比较快的速度诵读出来。类似这样的适合幼儿诵读的绕口令还有不少。

扣纽扣

小牛扣扣使劲揪，

小妞扣扣对准扣眼扣。

小牛和小妞，

谁学会了扣纽扣？②

气球换皮球

小齐吹气球，小于玩皮球。

小齐要拿气球换小于的皮球，

小于不拿皮球换小齐的气球。③

采蘑菇

黑兔和白兔，

上山采蘑菇。

小猴和小鹿，

一齐来帮助。

猴和兔，兔和鹿，

高高兴兴采蘑菇。④

---

① 陈振桂：《妙趣横生的绕口令》，4页，南宁，广西民族出版社，1989。
② 余鸿：《中华语典》，257页，北京，中国工人出版社，2008。
③ 余鸿：《中华语典》，257页，北京，中国工人出版社，2008。
④ 岩熔：《绕口令大全》，113页，乌鲁木齐，新疆青少年出版社，2002。

数星星

天上小星星，

地上小青青。

青青看星星，

星星亮晶晶。

青青数星星，

星星数不清。[1]

数狮子

公园有四排石狮子，

每排是十四只大石狮子，

每只大石狮子背上是一只小石狮子，

每只大石狮子脚边是四只小石狮子，

史老师领四十四个学生去数石狮子，

你说共数出多少只大石狮子和多少只小石狮子？[2]

(七)谜语歌

谜语歌是把事物的真实面目隐藏起来，用简短的歌谣集中描绘事物的形态、性质、动作、功能等。例如，"身穿绿衣裳，肚里红瓤瓤，结的黑籽籽，消暑甜又凉"（谜底：西瓜）。

(八)字头歌

字头歌每句尾字完全相同，一般以"头""子""儿"作为尾字，如《好孩子》。

好孩子

圣野

东家有个小豆子，

西家有个小柱子，

自己洗手绢补袜子，

给小妹妹钉扣子，

浇花扫地抹桌子。[3]

---

① 鄂嫩吉雅泰：《绕口令大全》，381～382 页，西安，三秦出版社，1988。

② 王克瑞、杜丽华：《绕口令：最新版》，35 页，北京，中国广播电视出版社，2012。

③ 金波：《儿歌三百首》，110 页，北京，北京少年儿童出版社，1984。

(九)时序歌

时序歌也称时令歌，指的是用优美的韵律来引导儿童根据时序的变化去初步认识、了解自然现象等的传统儿歌形式，如《十二月花》和《十二生肖》。

十二月花

正月百花云里开，二月杏花送春来，

三月桃花红似火，四月芦花就地开，

五月栀子心里黄，六月荷花满池塘，

七月菱花铺水面，八月桂花满村香，

九月菊花黄似锦，十月芙蓉赛牡丹，

十一月无花无人采，十二月梅花斗雪开。[①]

十二生肖

一是老鼠吱吱叫，二是牛儿尾巴摇。

三是老虎威风到，四是白兔蹦蹦跳。

五是飞龙像座桥，六是蛇儿圈圈绕。

七是马儿最会跑，八是羊儿吃青草。

九是猴爬树上笑，十是鸡会起得早。

十一狗儿看门好，十二小猪凑热闹。[②]

三、儿歌的表现手法

在欣赏儿歌时，不仅要注意儿歌作为一种听觉艺术所呈现出的音乐性，还要留心品赏儿歌通过种种表现手法所展现出的生动画面。儿歌往往会运用多种修辞手法来塑造生动的形象。

(一)拟人

拟人是儿歌中常用的表现手法，如《石榴》。

石　榴

林颂英

石榴婆婆，

---

① 高帆：《实用儿歌鉴赏大全》，333 页，兰州，甘肃少年儿童出版社，1992。

② 白爱宝、邹晓燕：《幼儿园领域课程资源：社会》，236 页，北京，教育科学出版社，2014。

宝宝最多，

一个一个，

满屋子坐，

哎哟，哎哟，

小屋挤破。

这首儿歌具有句式短小、节奏明朗、朗朗上口、易记易懂的特点。另外，作者还抓住了石榴籽多的特点，把石榴拟人化，想象石榴是一位儿女众多的老婆婆，而石榴籽自然就成了老婆婆的宝宝们。这种拟人化的方式使儿歌的构思显得十分新巧，尤其是最后一句"哎哟，哎哟，小屋挤破"非常有趣，让读者仿佛看到了数不清的石榴宝宝们，在石榴婆婆的屋子里互相推来挤去的场景，被挤到的人还忍不住发出"哎哟，哎哟"的叫声，整个场面热闹非凡，最后挤破了石榴婆婆的小屋。这样充满趣味的描述，使幼儿一方面体会到了快乐；另一方面也认识了石榴的特点——成熟的石榴表皮会裂开，露出里面晶莹透明的石榴籽，又如《长颈鹿》。

长颈鹿

陈镒康　常福生

小鹿不会默生字，

急得伸脖子。

往左看，猴子捂住纸；

往右看，

小鸡瞪眼珠；

脖子越伸越是长，

一副怪样子。[1]

这首儿歌把长颈鹿拟人化，它所做的事情就是儿童在学校里经常做的事情——默写生字，这就拉近了长颈鹿和儿童的距离，长颈鹿似乎就是儿童身边的一个小伙伴。长颈鹿长脖子的特点被作者解释为在默写生字时老想着看别人，结果"脖子越伸越是长"，终于长成了"一副怪样子"，长颈鹿的行为就是儿童生活的某种写照。把长颈鹿拟人化，既表现了这种动物的外在特征，又表达了劝诫的意味，使整首儿歌富有形象性，充满情趣。

---

[1]　蒋风：《中国创作儿歌选》，92页，南宁，广西人民出版社，1984。

（二）比喻

比喻也是增强儿歌形象性和生动性的常用方法。幼儿的思维是直观而具体的，他们对客观事物的认识往往也是从具体形象开始的。比喻手法的运用可以用幼儿熟悉的方式把事物最形象化的特征表现出来，从而使儿歌形象可感，容易为幼儿理解和接受，如《老师引我上金桥》。

老师引我上金桥

邓元杰

算术题，一道道，

一排等号像小桥。

算对了，就过桥，

做错了，过不了老师引我上金桥，

向着科学大路跑。[1]

作者在这首儿歌中，用了一个具体的比喻来增强儿歌的形象性，即把算术题中的等号比作过河的小桥，既贴切又有一定的含义，而且让幼儿一看就明白，如《下雪了》。

下雪了

张继楼

下雪了，下雪了，

半天云里飞鹅毛。

块块水田镶银边，

座座青山戴白帽；

青松长起白头发，

翠竹反穿羊皮袄。

小狗跟我去上学，

朵朵梅花撒满道。[2]

想一想

《下雪了》这首儿歌运用了什么修辞手法来体现儿歌的生动性？请具体分析。

---

[1] 蒋风：《新编儿童文学教程》，76页，杭州，浙江大学出版社，2013。

[2] 张继楼：《写给孩子们的诗》，12页，成都，四川人民出版社，1979。

在这首儿歌中，作者用比喻的手法来说明雪的特点："云里飞鹅毛""水田镶银边""青山戴白帽""长起白头发""反穿羊皮袄"。鹅毛、白帽、白头发、羊皮袄都是生活中常见的东西，用这些东西来比喻雪，不仅说明了雪的形状，还说明了雪的颜色。这样的雪景描绘起来，就显得具体形象多了，很受幼儿的喜爱。尤其是最后两句，通过描写"我"和小狗的活动，以梅花来比喻小狗在雪地上留下的脚印，不仅说明了小狗爪子的形状，还可以让幼儿明白，雪积在地面上是松软的，容易留下印记。

（三）摹状、摹声

在儿歌中，作者还常常采用摹状、摹声的方法，写出对事物声、光、色的感觉，以使读者更容易体会到事物形象化的特征，增强儿歌的生动性。尤其是对声音的模拟，在儿歌中常常被巧妙运用，如刘饶民的《春雨》，开篇就描摹了下雨的声音，"滴答，滴答，下小雨啦"，形象地表现了下雨时"滴答"的雨声，增强了儿歌的音乐感。反复出现的"滴答，滴答"声，渲染了幼儿迎接春雨时的欢快心情。在柯岩的《坐火车》中，每一节都有对火车声音的模拟："轰隆隆隆，轰隆隆隆，呜！呜！"象声词的准确运用，既写出了幼儿游戏时浓烈的欢乐气氛，又使儿歌充满动感，更具形象性。

模仿是幼儿的天性，在儿歌作品中恰当地运用摹状的修辞手法，可以让幼儿认识生活中的各种声响，也容易激发幼儿吟唱儿歌的兴趣。

本课回顾

学习要点	掌握程度	自我评价
儿歌的特征	熟练掌握	☆☆☆☆☆
儿歌的形式	明确理解	☆☆☆☆☆
儿歌的表现手法	理解并掌握	☆☆☆☆☆

第三课　儿歌的创作指导

儿歌的创作需要遵循以下几个原则。

一、要有儿歌味

要使儿歌富有儿歌味，就要求作者在创作时，用幼儿天真烂漫的眼光去观察事物，用幼儿稚气盎然的心灵去抒发感情，用幼儿的想象和语言来表达独特的感受。例如，张继楼的《小蚱蜢》就是一首儿歌味十分浓郁的佳作。作者以幼儿的眼睛、幼儿的心灵、幼儿的感情，来表现幼儿熟悉的事物，于是，生活中十分常见、十分普遍的现象，就成了一首优秀的儿歌。蒋应武的《小熊过桥》，就是一首充满儿歌味的作品。

小熊过桥

蒋应武

小竹桥，

摇摇摇，

有只小熊来过桥。

立不稳，站不牢，

走到桥上心乱跳。

头上乌鸦哇哇叫，

桥下流水哗哗笑。

"妈妈，妈妈，你来呀！

快快把我抱过桥。"

河里鲤鱼跳出水，

对着小熊大声叫：

"小熊，小熊，不要怕，

眼睛向着前边瞧！"

一二三，

向前跑，

小熊过桥回头笑，

鲤鱼乐得尾巴摇。[①]

首先，在人物的选择上，作者以幼儿喜爱的动物小熊和鲤鱼作为作品的主人公。两个人物十分贴近幼儿的生活，充满童趣，小熊憨态可掬，稚

---

① 丁深：《新儿歌童谣选》，63～64页，上海，少年儿童出版社，1964。

嫩可爱；鲤鱼大胆活泼，乐于助人，两者形成鲜明对比，显得可爱、亲切。小熊和鲤鱼使人联想到现实世界中的两个好朋友。其次，儿歌的情节以描写对象的心理变化来加以安排。儿歌一入笔就用悬念抓住读者，"小竹桥，摇摇摇"，客观上给小熊过桥造成了困难，"立不稳，站不牢""心乱跳"，这三句话既有动作描写又有心理活动，一串动词的连用烘托出紧张的氛围，小熊的害怕，这也是幼儿遇到此类问题时正常的心理表现。"哇哇叫""哗哗笑"，叠词的使用，是幼儿语言表达的习惯，使儿歌紧张的气氛更加突出，同时这些象声词的运用也表现了小熊惊慌的心理，自然引出小熊的呼救——"妈妈，妈妈，你来呀！快快把我抱过桥。"遇到危险就向妈妈求救，这是幼儿本能的反应。结尾处的"回头笑"和"尾巴摇"显得真切、生动，更给作品营造了活泼欢快的氛围，显得情趣盎然。可以看出，儿歌中情节的发展，即从"准备过桥"到"过了桥"的过程，是与小熊遇到困难时的心理变化轨迹紧紧联系在一起的，具体表现为："紧张—害怕—求救—受鼓励—松弛"。整首儿歌抓住了幼儿的心理，表达了幼儿的感受，是一首成功之作。

由于儿歌的主要接受对象是幼儿，创作者要注意不能在儿歌中使用抽象的词汇、含义深奥的词语，以及概念化的句子，这样会给幼儿的理解带来困难。而应根据幼儿语言发展的规律和特点，选择适合幼儿接受的语言材料来遣词造句，尽量多使用名词、动词，少使用副词、连词，尤其应该避免使用生僻、拗口的书面词汇。这样写出的儿歌才是真正满足幼儿需要、富有儿歌味的作品。

二、要有趣味性

幼儿的审美心理决定了他们对"趣"的追求。只有充满趣味的儿歌才会受到幼儿的欢迎。对于儿歌创作而言，可以从以下两个方面来增强儿歌的趣味性。

(一)通过情节因素增强儿歌的趣味性

儿歌虽然篇幅短小，但是在短短的诗行里包含着丰富的情节因素。例如，北京传统儿歌："小老鼠，上灯台，偷油吃，下不来，'吱儿吱儿'叫奶奶，奶奶不肯来，骨碌骨碌滚下来！"[①] 短短的几句，写出了小老鼠偷油的故事，情节完整、曲折，十分有趣。先是准备偷油的老鼠上了灯台，接着却陷入险境，下不了灯台，焦急之下只好向奶奶求救，无奈奶奶明哲保身，没有伸出援助之手，可怜的小老鼠只好"骨碌骨碌滚下来"，表现了一个紧张、惊险的过程。儿歌每隔一两行，就让情节紧张地向前推进一个环节，整首儿歌环环相扣，声情并茂，幼儿自然乐于接受。

(二)放大有特征的细节，增强儿歌的趣味性

幼儿如果在作品中看到自己熟悉的生活，就会对作品产生一种认同感。然而一遇到熟悉的事物，幼儿就容易忽视其中的细节，所以儿歌作者应该将那些富有特征的细节加以放大，这样才会增强儿歌的趣味性，如《比》。

比

小淘淘，长大了，

来和爸爸比身高，

踮起脚，抬头瞧：

个子只到爸爸腰，

爬上桌，拍手笑，

"哈哈，我比爸爸高！"[②]

幼儿在长大的过程中，都有和爸爸比身高的体验。在这首儿歌中，作者把这种生活体验加以细节化，用了"踮""抬""瞧""爬""拍手""笑"这些动词，把"比身高"这个熟悉的生活场景中富有特征的动作细节放大了，塑造了一个天真可爱的儿童形象。尤其是最后两句"爬上桌，拍手笑，'哈哈，我比爸爸高'"，幼儿喜形于色的得意神态得以生动地表现，增添了作品的趣味性。

三、要有知识性

幼儿正处于求知欲望强烈的年龄，他们对于周围的世界有强烈的好奇心，儿歌是他们接触的第一种文学形式，不仅可以帮助他们扩大眼界，丰富知识，甚至还可以培养他们良好的思想品格。儿歌的创作最好在讲求有

---

① 圣野：《圣野诗论》，288页，重庆，重庆出版社，2009。
② 隋立国：《儿童文学鉴赏·创编·讲演》，126页，天津，天津人民出版社，2014。

趣生动的同时，包含一些知识性的内容，如《小树苗》。

小树苗

郜彬如

小树苗，

听指挥，

排队跑到大西北。

站稳当，手拉手，

风沙不敢随便走。

挺直腰，

画图画，

画出一片绿浪花。[①]

这首儿歌是让幼儿了解植树造林的作用，但作者没有干巴巴地介绍树木对环境的作用，而是把它放在大西北的背景里加以描绘，"站稳当，手拉手"，这就把树木盘根错节的特点表现了出来，"风沙不敢随便走"则写出了树木防风固沙、防止水土流失的作用。"画出一片绿浪花"是人们希望以树木给大西北勾画出一幅美丽的蓝图。作者把植树造林能抗击风沙的知识融入生动的描绘中，使幼儿在潜移默化中了解了一定的科学知识。

儿歌中所传授的知识，应该符合幼儿的年龄特点，最好是从他们身边的事物谈起，然后由近及远，引申开来，开拓幼儿的思路，如《小斑马》。

小斑马

谢采筏

小斑马，上学校，

黑白铅笔买两套。

老师叫他画图画，

他在身上画道道。[②]

这首儿歌介绍了斑马的外形特征：身上有黑白条纹。但仔细读读，却又发现儿歌内容并不仅仅限于此，在介绍了简单的生物知识后，作者还由此及彼，从小斑马的学校生活联系到幼儿自己的生活，借小斑马的行为启发幼儿对自己的行为进行思考，给幼儿以委婉的批评和教育。

---

① 尹世霖：《中国儿歌一千首》，362 页，济南，明天出版社，1988。
② 谢采筏：《谢采筏低幼儿童文学作品选》，3 页，合肥，合肥工业大学出版社，2013。

四、要根植于幼儿生活，捕捉新颖的题材

儿歌的题材丰富，在创作时要善于从幼儿生活中寻找新的角度，展开想象的翅膀，这样才能使幼儿在接受儿歌时感觉更为亲近，同时也让儿歌获得不同的效果，如《小刺猬理发》。

小刺猬理发

鲁兵

小刺猬，去理发，

嚓嚓嚓，嚓嚓嚓，

理完头发瞧瞧他，

不是小刺猬，

是个小娃娃。①

不少幼儿都不愿意主动去理发，总要家长花很大的精力去说服。《小刺猬理发》这首儿歌来源于生活，在幽默的叙事中让幼儿消除对理发工具的惧怕心理，认为理发很有趣、很清爽、很整洁。

本课回顾

学习要点	掌握程度	自我评价
儿歌的创作原则	明确理解	☆☆☆☆☆

第四课　儿歌教学活动指导

儿歌对增长幼儿的知识、扩大幼儿的眼界、丰富幼儿的语言，特别是语音和语感的训练有着非常重要的作用，能培养和提高幼儿语言的表达力和连贯性，训练和发展他们的创造思维、认知能力，以及培养积极的情感态度等。在组织儿歌的教学活动时，我们应充分考虑幼儿的学习特点和认识规律，注重综合性、趣味性、活动性，寓儿歌教学于生活、游戏活动之中，深入探讨儿歌教学方法，提高儿歌教学实效。

---

① 高帆：《实用儿歌鉴赏大全》，660页，兰州，甘肃少年儿童出版社，1992。

一、儿歌教学的方法

(一)图画法

儿歌教学的图画法，即为儿歌配画。它可以从儿歌内容出发，画出符合儿歌内容和情境的图画，加深幼儿对儿歌的理解，也可结合绘本活动，培养幼儿的形象思维能力，开发幼儿的想象空间，挖掘幼儿的创造潜能。如在教授儿歌"小小花雨伞，落入树林中。要是撑开来，再也收不拢"时，可以指导幼儿学画彩色蘑菇。先画出半圆形的蘑菇盖，再画出长短、粗细不同的蘑菇柄，然后指导幼儿用简单的线条装饰蘑菇盖，并为每个蘑菇涂上喜欢的颜色。注意蘑菇要画得有大有小，不要排列得很整齐。先学儿歌再画蘑菇，加深了幼儿的感性认识和对歌词的理解、记忆，幼儿就会很快记住儿歌。

(二)游戏法

游戏教学法是情景教学法中的一种形式，儿歌游戏教学法就是在游戏活动中教授儿歌，它伴随着幼儿的活动游戏而吟唱，能够激发和加强幼儿游戏的兴趣和愉悦感。幼儿边玩边唱，使整个游戏富有节奏感，从而提高游戏的兴趣，丰富游戏的内容。如丢手帕游戏，让十余个幼儿席地围圈而坐，多媒体播放儿歌《丢手帕》："丢手帕，丢手帕，轻轻地放在小朋友的后面，大家不要告诉他，快点快点抓住他。"幼儿一边做游戏，一边唱儿歌。在游戏活动中加入儿歌元素，让幼儿在游戏活动中学习儿歌，在唱儿歌中开展游戏，极大地丰富了游戏内容，调动了幼儿学习儿歌兴趣，激发了幼儿学习儿歌潜能，促进了幼儿园儿歌教学活动的开展。

(三)表演法

表演法就是根据儿歌内容，用表演形式表达儿歌的主题。通过表演，从而培养幼儿的肢体语言，丰富学习儿歌内容，加深幼儿对儿歌印象和记忆。如小班主题活动——春来了之活动十六：小小蛋儿把门开。幼师可先教授儿歌："小小蛋儿把门开。小小蛋儿把门开，开出一只小鸡来，毛茸茸啊胖乎乎，叽叽叽叽唱起来。"然后，教师讲解、示范小鸡出壳动作，组织幼儿随音乐边唱边表演，鼓励幼儿自由创编各种小鸡出壳和跳舞的动作，在乐曲伴奏下，幼儿扮演小鸡边唱边走出活动室，从而，加深幼儿对儿歌的感受和理解，提高儿歌教学效果。

(四)故事法

有些儿歌内容比较适合编成有趣的故事，这类儿歌往往有一定的情节内容、趣味性较强。在教学中可以让幼儿在倾听故事的同时了解儿歌的内容，这样学起来就容易多了。如儿歌《小老鼠上灯台》："小老鼠，上灯台，偷油吃，下不来。喵喵喵，猫来了，叽里咕噜滚下来。"教师就可以把它编成有趣的小故事，讲给幼儿听，让幼儿在熟悉儿歌大致内容的基础上学习儿歌，这大大增强了这首儿歌的趣味性。

(五)模仿法

幼儿喜欢活动，喜欢模仿，这是幼儿时期的典型特点之一。因此，在进行儿歌教学时，如果教师能根据儿歌的内容辅之以简单形象的动作，会引起幼儿很高的兴趣，激发他们的学习热情。如儿歌《开汽车》："小汽车，嘀嘀嘀，开到东来开到西，看到红灯停一停，看到绿灯向前行，看见行人按喇叭，嘀嘀……"教学中教师可以示范小汽车行驶等的动作，幼儿根据教师发出的口令，做出相应的动作。如："红灯红灯眨眼睛""绿灯绿灯眨眼睛""行人行人走过来"。还可以请幼儿做开车状，教师交替出示"红灯""绿灯""行人"的信号牌，幼儿据此做出相应的动作。结束时教师可以告诉幼儿："小汽车开了一天，它累了要回家了。我们听到音乐小汽车就开动了，音乐停就开到自己的座位上，我们就到家了。"

(六)节奏法

很多儿歌对仗比较工整，有一定韵律，可以采用打节奏的方法。打节奏不一定就只是拍手，可以多种姿势并用，如拍腿、拍肩、点头、跺脚等。也可以借助打击乐器或自制乐器来敲出节奏，鲜明的节奏可以让幼儿情绪激昂、兴趣盎然地学习儿歌，让幼儿从中感受到趣味，可以收获良好的教学效果。如《拍手歌》《我的双手拍拍》等。

(七)续编法

儿歌语言优美，浅显易懂，幼儿在诵读中容易理解其中的意思，领略其中的情趣，欣赏其中的意境。有的儿歌有着丰富的内涵，有的儿歌还是训练发散性思维的切入点，最后言已尽而意犹存，向我们展示了一个广袤的空间，让幼儿思绪驰骋，这些地方都可以进行发散思维的续编练习，这时，我们要及时引导幼儿发挥想象力，结合儿歌诵读进行续编儿歌。如《小板凳》读完最后一句"我请妈妈快坐下"，让幼儿思考能否说出，妈妈坐下后我做什么？幼儿各有所想，说法不一，教师在幼儿所说基础上，总结编写出"妈妈，妈妈快坐下，我请妈妈喝杯茶"等。这样不仅可以让幼儿明白儿歌的意思，还可以引导儿童扩散思维创编儿歌；同时发展了幼儿的语言和思维能力，激发了幼儿对父母的孝心。

儿歌教学方法还有多种，如朗读法、歌唱法等，需要我们根据不同内容和不同时期，采取具体教学方法，丰富儿歌教学内涵，扩展幼儿认识，促进幼儿主动学习，提高儿歌教学实效。

二、儿歌教学活动案例

扫一扫，看微课

案例：说颠倒

教案/活动视频供稿：山东省济南市历下区紫苑幼儿园 郝连童

【活动目标】

第一，体验"颠倒"话的诙谐及幽默，感受"颠倒"带来的趣味性。

第二，尝试创编"颠倒"话，能快速做出反应。

【重难点分析】

活动重点：体验"颠倒"话的诙谐及幽默，感受"颠倒"带来的趣味性。

活动难点：尝试创编"颠倒"话，能快速做出反应。

【活动准备】PPT 课件。

【活动过程】

（一）情境导入，初步感受"颠倒"

指导语：孩子们快跟上，今天我们要去一个有趣的地方，这是哪里啊？

小结：（播放国王录音）欢迎来到颠倒王国。

指导语：要想进入王国就要说出和国王颠倒的话。

（二）情境贯穿，理解、练习"顺序颠倒"

指导语：

• 咦？孩子们，什么是"颠倒"啊？

小结："小孩喝水"，颠倒过来就是"水喝小孩"。

• 刚才咱们说的这些事是什么发生了"颠倒"啊？

小结：原来是顺序换了，是"顺序颠倒"。

（三）欣赏儿歌《太阳起西往东落》，理解、练习"意思颠倒"

指导语：现在我们来到的是哪里啊？这是一间声音密室，里面经常会说一些奇怪的儿歌，仔细听，你都听到了哪些奇怪的地方？

小结：在这首儿歌里，"颠倒"的不是顺序，而是"意思颠倒"了。

（四）仿编游戏，体验"颠倒"的快乐

指导语：

• 在密室里还有很多"意思颠倒"的事情呢，我们一起来看一看。

• 都有哪些"意思颠倒"的事情啊？现在请你选一幅你喜欢的图片和你旁边的小朋友小声说一说吧。

• 现在进行"颠倒接龙"，每组轮流往下说图片上的现象，想说哪幅说哪幅。

• 你还会说哪些"颠倒"的事情？

（五）颁发奖杯，体验成功的快乐

指导语：国王觉得你们都是爱动脑筋的小朋友，你们都有奖杯，恭喜你们。

（六）尝试合作"多维度颠倒"练习

指导语：士兵说什么？谁想来试一试？

（七）体验快乐，自然结束

指导语：为什么国王说我们违反规则了啊？

小结：咱们现在已经离开颠倒王国了，在平时我们可不能像在颠倒王国里那样讲话，不然就会闹大笑话了哦。

本课回顾

学习要点	掌握程度	自我评价
儿歌教学的方法	理解并掌握	☆☆☆☆☆
儿童教学案例的学习	理解并掌握	☆☆☆☆☆

思考与练习

1. 儿歌在艺术上有何特征？儿歌的传统艺术形式有哪些？

2. 创作两首儿歌。要求儿歌的内容能反映幼儿生活的时代特色；儿歌的音韵节奏有美感；语言上做到自然顺口，易于传诵。另外，要借助一定的修辞手法，使儿歌既有知识性又有趣味性。

_____

_____

_____

_____

_____

第三单元
幼儿诗

学习目标

1. 熟练掌握幼儿诗的内涵、分类。
2. 理解幼儿诗的特征。
3. 理解并掌握幼儿诗与儿歌的区别。
4. 掌握幼儿诗欣赏与创作的方法。
5. 尝试进行幼儿诗的教学设计。

导　语

　　幼儿是最擅于想象和联想的，他们总是用自己创造性的想象来认识并诠释世界上的一切事物。在他们通过想象而诗化的世界里，花儿会笑、鸟儿会唱、草儿会舞、鱼儿会说……欣赏幼儿诗，会让我们在想象的世界中用心灵和幼儿对话；创作幼儿诗，会让我们在文学的天空中给幼儿插上飞翔的翅膀；教给幼儿一首幼儿诗，会让幼儿在欣赏美、感受美、表现美中健康快乐地成长。

第一课　幼儿诗理论

一、幼儿诗的含义

幼儿诗是指符合幼儿心理特点和审美特点，适合幼儿听赏诵读的自由体诗。幼儿诗的概念包含了以下两层意思。

第一，幼儿诗是"诗"，具有诗的特点，即凝练地反映生活，有丰富的想象力、强烈的感情和美的意境。

第二，幼儿诗是属于"幼儿"的诗，即有特定的阅读对象和表现对象，抒写幼儿独特的内心情感，表现出浓郁的幼儿情趣。

二、幼儿诗的特点

一是幼儿诗的情感抒发率真自然，用单纯的情感描写幼儿眼中的世界，表现幼儿的内心体验，如《喂，南瓜》。

喂，南瓜

韦苇

我种了一棵南瓜。

它是个淘气鬼，

不声不响

往隔壁院子里爬，

看样子

要在那边安家……

喂，南瓜，

你给我回来！

谁让你自作主张，

这样自说自话？[①]

这首《喂，南瓜》描述了南瓜长出了院子的小事。第二节以一个幼儿的

---

① 韦苇：《听梦——韦苇童诗选》，34页，上海，复旦大学出版社，2014。

口吻教训南瓜，让南瓜回家，将幼儿的内心情感活灵活现地表现了出来。

二是幼儿诗描写的形象鲜明，充满动感，如《春天是这样来的》。

春天是这样来的

张国南

叮咚，叮咚！

小溪试了试清脆的嗓子，

啊，春天是唱着歌来的！

呼啦，呼啦，

树枝弯弯柔软的腰，

啊，春天是跳着舞来的！

噼剥，噼剥，

春笋在泥土里快乐地拔节，

啊，春天是放着鞭炮来的！①

虽然写春天的幼儿诗很多，但是这一首《春天是这样来的》很独特。它通过拟人、摹声等表现手法，将春天到来的样子描写得充满动感，令人能够感受到春天万物复苏的欢乐之情。

三是幼儿诗的想象天真奇妙，如《水果们的晚会》。

水果们的晚会

杨唤

窗外流动着宝石蓝色的夜，

屋子里流进来牛乳一样白的月光，

水果店里的钟声

当当地敲过了十二下，

美丽的水果们都一齐醒过来，

请夜风指挥虫儿们的乐队来伴奏，

这奇异的晚会就开了场。

第一个是香蕉姑娘和凤梨小姐的高山舞，

跳起来裙子飘呀飘的那么长；

---

① 张国南：《春天是这样来的》，载《小学生（多元智能大王）》，2010(C1)。

紧接着，龙眼先生们来翻筋斗，

一起一落地噼啪响；

西瓜和甘蔗可真滑稽，

一队胖来一队瘦，

怪模怪样演双簧；

芒果和杨桃只会笑，

不停地喊好，不停地鼓掌。

闹呀笑呀地真高兴，

最后是全体水果们的大合唱，

他们唱醒了沉睡着的夜，

他们唱醒了沉睡着的云彩，

也唱来了美丽的早晨，

唱出来了美丽的早晨的太阳。[1]

这首《水果们的晚会》运用拟人的手法，赋予各种水果以人的动作、神情、情感，将夜幕中的水果想象成一群欢乐聚会的"人"，使幼儿读者如临其境，感受到了晚会的快乐与热闹。

四是幼儿诗的构思巧妙有趣。幼儿诗所抒发的情感不论是在丰富性上，还是在深刻性上，都远不如成人诗歌，这是由幼儿的情感特点所决定的。如何才能在不甚宽阔的情感层面上表达情趣，并创造独特的表达效果呢？这主要依赖于构思的新颖巧妙。这种依赖于生活积累和幼儿式的想象的构思在很大程度上决定了幼儿诗的艺术水平，如《虫和鸟》。

虫和鸟

舒兰

我把妈妈洗好的袜子，

一只一只夹在绳子上，

绳子就变成一只多足虫，

在阳光中爬来爬去。

我把姐姐洗好的小手帕，

---

[1] 小舟：《中外儿童诗精选》，89～90页，杭州，浙江文艺出版社，2013。

一条一条夹在绳子上，

绳子就变成一群白鹭鸶，

在微风中飞舞，飞舞。①

在这首《虫和鸟》中，诗人在生活基础上大胆想象，这种想象的巧妙构思使平凡的生活现象变成了一种幼儿式的神奇和余味无穷的美丽。

五是幼儿诗的语言浅而有味。幼儿诗的语言要求浅显易懂，准确精练，节奏明朗和谐，具有鲜明的音乐效果，可以产生轻快感，如《火车头》。

火车头

［波兰］尤利安·杜维姆

一排大轮子转起来，越转越快，

一节节车厢在眼前闪过，

它们都变得这样轻，

轻得呀就像是一个个皮球，

切里咔嚓，

切里咔嚓，

切里咔嚓！②

同时，基于幼儿的接受特点，幼儿常用叙述语，语言流畅优美，情趣与情感相交融，以塑造出可观可感的诗歌形象，如《小鹿》。

小 鹿

金波

花的影，叶的影，

给你披一件

斑斓的彩衣。

你站在那儿，

和无边的森林

融合在一起。

然而你还像一株飞跑的树，

---

① 黄庆云：《台湾儿童诗选》，30页，重庆，重庆出版社，1987。

② 韦苇、谭旭东：《世界金典儿童诗集·外国卷》，49页，福州，福建少年儿童出版社，2011。

高昂着你枝枝丫丫的角，

闪进密密的大森林里。

一会儿和这棵树，

一会儿和那棵树，

交谈着春天的消息。①

三、幼儿诗的分类

在类别的划分上，幼儿诗可以从不同的角度进行分类。

从表现手法上来分，可以分为叙事诗、抒情诗和题画诗。幼儿叙事诗是侧重叙述事件，以此来表达幼儿思想感情的诗。它有比较完整的情节和比较鲜明的人物形象，篇幅一般比幼儿抒情诗要长。幼儿抒情诗是侧重直接抒发幼儿内心情感的诗。与幼儿叙事诗相比，幼儿抒情诗没有完整的情节，也没有突出鲜明的人物形象，着力表达的是幼儿的情感，抒情方式有直接抒情、借景抒情、托物抒情等。题画诗是一种为适合幼儿欣赏而创作的诗画结合的幼儿诗样式，著名诗人柯岩的题画诗《月亮会不会搞错》就是这种诗别具一格的典范。

从内容上来分，幼儿诗可以分为生活诗、自然诗、童话诗、故事诗、讽刺诗、科学诗、寓言诗。

(一)生活诗

生活诗是高度凝练地摹写幼儿的生活情境和浪漫情怀的诗歌，常常表现爱与美的主题，具有叙事的风格，如《神奇的窗子》。

神奇的窗子

圣野

白天

我画了一扇

很大的

大窗子

大窗子一开呀

---

① 金波：《烛光里的鱼》，18页，青岛，青岛出版社，2017。

歌声进来了
阳光进来了
凉风进来了
花和树木的香气
也都进来了……

晚上
我凭着这扇
神奇的窗子
和遥远的
还不知道名字的
明亮的星星
对话

于是
我做了一个
关于大窗子的
美丽的梦

我梦见
我这开向明天的
神奇的窗子
变成了
什么都能看见
什么都能听见
什么都能感觉到的

我的嘴巴
我的鼻子
我的耳朵
和我的眼睛……①

———————————

① 圣野：《圣野诗选》，162～163 页，上海，少年儿童出版社，1992。

(二)自然诗

自然诗是一种将自然现象进行形象化诠释的诗歌，如《我看见了风》。

我看见了风

高帆

我在楼上看见了风，

请你一定相信——

我看见风从草地上走过，

踩出一溜清晰的脚印。

风是一个胖子，

钻进了对面的树林，

挤得小树摇摇晃晃，

树缝里冒出它气喘的声音……

可是当我下楼去找，

却不见了它的踪影，

草地平平，树林静静，

不知风在哪里藏身……[1]

(三)童话诗

童话诗重叙述，叙事脉络清晰，但与童话故事相比，情节内容要简单些。童话诗善用大胆的想象和夸张，常常交织使用多种表现手法，如《小猪奴尼》。

小猪奴尼

鲁兵

有只小猪，叫作奴尼。

妈妈说："奴尼，奴尼，你多脏呀！快来洗一洗。"

奴尼说："妈妈，妈妈，我不洗，我不要洗。"

妈妈挺生气，来追奴尼。

奴尼真顽皮，逃东又逃西，扑通——掉进泥坑里。

泥坑里面，尽是烂泥。

奴尼又翻跟头又打滚，玩了半天才爬起。一摇一摆回家去。

---

① 王晓玉：《儿童文学作品选读》，46页，北京，高等教育出版社，1997。

吓得妈妈打了个大喷嚏。"阿——嚏，你是谁？我不认得你。"

"妈妈，妈妈，我是奴尼，我是奴尼。"

"不是，不是，你不是奴尼。"

"是的，是的，我真的是奴尼。"

"出去，出去！"妈妈发了脾气。"你再不出去，我可不饶你。扫把扫你，畚箕畚你，当作垃圾倒了你。"

奴尼逃呀，逃呀，逃出两里地。路上碰见羊姐姐，织的毛衣真美丽。"走开，走开！别碰脏我的新毛衣。"

路上碰见猫阿姨，带着孩子在游戏。"走开，走开！别吓坏我的小猫咪。"

最后碰见牛婶婶，在吊井水洗大衣。

"哎呀，哎呀！哪来这么个脏东西？快来，快来！给你冲一冲，洗一洗。"

冲呀冲，洗呀洗……井水用了百桶。肥皂泡泡满天飞。

洗掉烂泥，是个奴尼。奴尼回家去，妈妈真欢喜。

"奴尼，奴尼，你几时学会了自己洗？"

奴尼，奴尼，鼻子翘翘，眼睛挤挤。"妈妈，妈妈，明天我要学会自己洗。"①

(四)故事诗

故事诗用故事情节串联全诗，以诗的形式讲述故事，凸显故事性，如《爸爸的老师》。

爸爸的老师

任溶溶

谁不知道我的爸爸，

他是大数学家，

再难的题也能解答，

嘿，他的学问真大。

我这有学问的爸爸，

---

① 鲁兵：《小猪奴尼》，载《小学生作文辅导（看图读写）》，2017(9)。

今天一副严肃样子。
他有什么要紧事情？
原来去看老师！

我的爸爸还有老师？
你说多么新鲜！
这老师是怎么个人，
我倒真想见见。

我一个劲求我爸爸，
带我去看看他。
我的爸爸眼睛一眨，
对我说道："唔，好吧！"

可是爸爸临走以前，
把我反复叮咛，
要我注意这个那个，
当然，我什么都答应。

我一路想这位老师，
该是怎么个人。
他一定是胡子很长，
满肚子的学问。

他当然是比爸爸强，
是位老数学家。
他要不是老数学家，
怎能教我爸爸？

可是结果你倒猜猜：
爸爸给谁鞠躬？

就算你猜三天三夜，
一准没法猜中。

鞠躬的人如果是我，
那还不算稀奇，
因为爸爸的这位老师，
就是我的老师！

不过我念三年级了，
她呢，还在教一年级。
她是我爸爸的老师，
你说多有意思！

这位老师看着爸爸，
就像看个娃娃：
"你这些年在数学上，
成绩确实很大……"

你想爸爸怎么回答：
"我得感谢老师，
是老师您教会了我，
懂得二二得四……"

我才知道我的爸爸，
虽然学问很大，
却有一年级的老师，
曾经教导过他。[①]

（五）讽刺诗

讽刺诗是针对幼儿生活中某些不良习惯和现象，用夸张的手法写成的

[①] 任溶溶：《给巨人的书》，4～6页，武汉，长江少年儿童出版社，2016。

诗。特点是常常运用讽刺手法，富有幽默感，如《下巴上的洞洞》。

下巴上的洞洞

鲁兵

从前

有个奇怪的娃娃，

娃娃

有个奇怪的下巴，

下巴

有个奇怪的洞洞，

洞洞

谁知道它有多大。

瞧他

一边饭往嘴里划，

一边

从那洞洞往下撒。

如果

饭桌是土地，

而且

饭粒会发芽，

那么

一天三餐饭，

他呀

餐餐种庄稼。

可惜

啥也没种出来，

只是

粮食白白糟蹋。

你们

听了这笑话，

都要

摸一摸下巴，

要是
也有个洞洞，
那就
赶快塞住它！[1]

(六)科学诗

科学诗将丰富的科学知识融入诗的意境，实现科学与诗性的完美结合，如《我们的土壤妈妈》。

我们的土壤妈妈(节选)

高士其

我们的土壤妈妈，
是地球工厂的女工。
在大自然的建设计划中，
她担负着，
几部门最重要的工作。

她保管着矿物、植物和动物，
还有肉眼看不见的微生物；
她改造物质，发展生命，
经营着无机和有机
两大世界的巨大工程。

她住在地球表面的第一层，
由几寸到几尺的深度，
都是她的工作区。
她的下面有水道，
水道的下面是牢不可破的地壳。

她是矿物商店的店员。
在她杂色的柜台上，

---

① 柯岩：《古今中外名篇拔萃·中国儿童诗卷》，194～195 页，青岛，青岛出版社，1990。

陈列着各种的小石子和细沙，

都是由暴风雨带来的，

从高山的崖石上冲洗下来的。①

（七）寓言诗

寓言诗即诗体寓言，用诗的形式讲述生动简短的故事，其中寄托一定的讽喻意义，如《猫和狗的会餐》。

猫和狗的会餐

张秋生

猫和狗

进行一次友谊会餐。

他们各自带来了佳肴，

准备大吃一番。

猫带来了两条鱼，

一条有臭味，一条挺新鲜。

新鲜的鱼自己享用，

臭鱼放在狗的眼前。

狗带来了一锅子汤，

几张菜叶浮在上面。

他把菜和清汤盛给小猫，

下面的肉——留给自己方便。

猫说：今天的鱼太鲜美，

至于汤，实在一般；

狗说：今天的汤油水足，

至于鱼，难以下咽……

两位朋友

---

① 张贤明：《天上的街市——最美的现代童诗》，12～13页，北京，现代出版社，2015。

争得几乎翻脸。

其实，他们只要想想自己的行为

就能找到正确的答案。[①]

四、幼儿诗与儿歌的区别

儿歌是歌，幼儿诗是诗，前者用来念唱，后者用来吟诵。

(一)从词语的运用上来看

儿歌语言通俗自然，多用口语；幼儿诗注重炼字，追求意象的选择和语言的清新，如《月儿挂树梢》《月光幻想曲》。

月儿挂树梢

徐竹影

月儿弯弯挂树梢，

像把闪闪小镰刀。

借我用用好不好？

割把青草喂羊羔。[②]

儿歌《月儿挂树梢》的语言亲切自然，用比喻的手法有趣地联系到现实生活，读来生动、亲切，富有生活气息。

月光幻想曲

杜荣琛

月光流进池塘里发亮，

我口渴了，

想舀一杯月光来喝，

让肚子里藏着嫦娥的微笑。

月光躺在院子里发亮，

我的口袋破了，

想剪一片月光来补衣裳，

让口袋里装着桂树的花香。[③]

这首幼儿诗结合了"嫦娥奔月"的神话传说，将人们带进想象的世界

---

① 方美波：《幼儿文学作品导引》，118页，杭州，浙江大学出版社，2009。
② 吴珹：《中国儿歌·当代卷》，251页，石家庄，河北少年儿童出版社，2003。
③ 宗介华、李树权：《中华儿童文学作品精选(1977—1991)·散文卷》，80页，沈阳，沈阳出版社，1992。

里。月光"流"进池塘里是什么样的呢？月光"躺"在院子里又是什么样的呢？在诗人精准炼字所营造出来的想象氛围中，我们可以看见波光粼粼的池塘中月光与水相融合，水流月光也流的景象，而宽敞、平坦的院子，则如一张舒适的大床，月光静静地躺在院子里。

(二)从韵律上来看

儿歌注重合口押韵，旋律短促紧密，音乐性强，易诵易唱，朗朗上口；幼儿诗注重旋律的优美、语音的起伏变化，节奏舒缓和急促相伴，是音乐美和意境美的结合，如以下两首儿歌。

风婆婆

金近

风婆婆，送风来，

送东风，桃花开，

送北风，雪花飞，

送来南风太阳晒。[①]

爱玩的风

高帆

风是我的朋友，

春游时，

和我寸步不离。

只是它太让人操心，

到处喧哗吵闹，

顽皮淘气。

有时在草地打滚，

有时在树丛钻来钻去，

不小心扭伤脚，

就扶着小树哭哭啼啼。

我要送它上医院，

它又摇头说没啥，

---

① 吴珹：《中国儿歌·当代卷》，178页，石家庄，河北少年儿童出版社，2003。

它还有一双翅膀，

可以去做别的游戏。

说着，

便扯住风筝的飘带，

哈哈笑着高高飞起。

你看它，

摇摆着身子，

显得那么得意。①

请分辨一下，这两个作品，哪个是儿歌，哪个是幼儿诗？

(三)从情感表达上来看

儿歌情感率真、朴实，多幽默诙谐的风格；幼儿诗情感含蕴、高雅，多优美抒情的风格。请分辨下面两个作品。

小虾米

小虾米，被窝猫，

爱睡懒觉不做操，

驼了背，弯了腰，

你说糟糕不糟糕。②

鹰

韦苇

在长空驾驭天风

翅尖擦着云边

你向远方拐去

扔下一道黑色的弧旋

从群山那边回来

从海湾那边回来

你柔云拭过的眼睛

敢对视耀眼的太阳

---

① 高帆：《清晨十三岁》，155 页，北京，中央编译出版社，2003。

② 台安县民间文学之套集成办公室：《中国民间文学集成辽宁分卷·台安资料本》，266 页，台安，台安县民间集成办公室，1986。

有多少自由

有多少快乐

看你平展的翅膀

看你随意地滑翔[①]

(四)从读者接受的角度上来看

儿歌适合于幼儿歌唱嬉戏，有娱乐和游戏的实用价值，增添了玩乐的趣味；幼儿诗更适合于欣赏，能够陶冶幼儿的情操，使他们在情感、心灵和精神上得到享受和提升，如《小熊小熊圆圆脸》。

小熊小熊圆圆脸

小熊小熊圆圆脸（用手在宝宝的手心画圆）

一步一步上上坡（从宝宝的手往手臂上点上去）

叽里咕噜滚下来（在宝宝身上从上往下做滚状）

滚进一个山洞里（用手点到宝宝的胳肢窝挠挠）[②]

《小熊小熊圆圆脸》这首儿歌可以边说边做游戏。师幼或者幼儿一边吟诵儿歌，一边做手指游戏，会非常开心、有趣。

(五)从篇幅长短上来看

儿歌因为有口头创作、供幼儿吟唱的特征，所以一般都较为短小；幼儿诗有长有短，不受限制，其中叙事诗、童话诗的篇幅都比较长。

本课回顾

学习要点	掌握程度	自我评价
幼儿诗的定义、特点	熟练掌握	☆☆☆☆☆
幼儿诗的分类	明确理解	☆☆☆☆☆
幼儿诗与儿歌的区别	理解并掌握	☆☆☆☆☆

---

① 韦苇：《一个胡桃落下来》，77页，长沙，湖南少年儿童出版社，2012。
② 张小平：《怀孕知识全书》，113页，长春，吉林科学技术出版社，2013。

第二课 幼儿诗的创作

幼儿诗的写作，或者是描写幼儿童真童趣的生活，或者是抒发作者的感情、感受，或者是营造含蕴、高雅的意境。为了取得最佳的表现效果，在创作时，都会充分地考虑幼儿诗创作的基本原则和各种表现手法，避免出现单一化、与幼儿世界相脱离的"非幼儿"诗作。

幼儿诗的创作通常遵循以下三个原则。

一、善于想象，充满想象

幼儿诗必须符合幼儿的丰富想象力，创造优美的意境，让幼儿在奇妙多姿的世界里，展开想象的翅膀，感悟诗的题旨。这就要求在创作幼儿诗时，作者需在想象的世界中用心灵和幼儿对话。比如，幼儿诗《雨娃娃》，起语就把幼儿从现实带进了想象的空间里，而后展开了一个童话般的场景：雨娃娃在小红伞上"蹦啊跳啊"，这就触动了"我"的"逗乐"的心思——想让雨娃娃摔个大跟头，而结果呢？"我"把伞一收，自己却被淋成了"雨娃娃"，这样一来，两个"雨娃娃"便虚实相映，形神兼备了。诗歌的情节设计虽然简单，但是想象充满童趣，即使成人读了也会忍俊不禁。再如，幼儿诗《不学写字有坏处》，六个"洞洞"里写的是什么呢？教师可以引导幼儿发挥想象力来填写一下。

不学写字有坏处

方素珍

小虫写信给蚂蚁，

他在叶子上，

咬了三个洞，

表示"（　）（　）（　）"。

蚂蚁收到他的信，

也在叶子上，

咬了三个洞，

表示"（　）（　）（　）"。

小虫不知道蚂蚁的意思，
蚂蚁不知道小虫的想念，
怎么办呢？[1]

二、感悟童真童趣

幼儿诗的情感必须从幼儿心灵深处抒发出来，展示幼儿语言、幼儿生活的天真与童趣，逼真地传达出幼儿那美好的感情、善良的愿望、有趣的情致。在一次幼儿诗创作活动中，有一名幼儿联想起自己的童年趣事，写了一首《等我也长了长发》。

等我也长了长发

张逍遥

等我也长了长发，
我就是一个妈妈，
我会有一个小小的女儿，
她就像我现在这么大。

我要跟她一起去玩耍，
看布娃娃怎样跳舞，
看小蝌蚪怎样长大。
我一定不拽着她的耳朵喊：
"喂，别在地上爬！"

我要给她讲最有趣的故事，
告诉她太阳为什么傍晚会回家；
告诉她冬青的树叶为什么没有变化。
我一定不会对她发脾气：
"去，自己玩！"

---

① 方素珍：《你会写字吗？》，30 页，乌鲁木齐，新疆青少年出版社，2016。

我要带她去动物园，

去看孔雀美丽的衣裳，

去看猴子吃着香蕉。

我一定不老是骗她说：

"等下次再去吧！"

哎呀，我真想真想

快点留长头发，

到时候，不骗你，

一定做个这样的妈妈。

这首诗寥寥数语就把一个女孩的向往展现在了大家面前，那种想要长长头发做妈妈，然后实现所有梦想的天真举动尤其让人捧腹，把我们带回了曾经的童年趣事里。

三、巧用表现手法

比喻、拟人、排比、摹声等是幼儿诗写作中常常会用到的修辞手法。而修辞手法的运用，会为幼儿诗本身增添许多趣味，如《爸爸的鼾声》这首诗，把爸爸的鼾声比作山上的小火车，当爸爸的鼾声停了，诗人写道："是不是火车到站了？"读来让人忍不住一乐。

在幼儿诗的写作技巧中，我们用到最多的就是比喻、拟人、排比等表现手法。

(一)比喻法

比喻法指的是抓住事物之间的相似之处，把一物比作另一物，如《荷叶》。

荷 叶

碧绿的荷叶，

是神奇的飞机场。

一只只蜻蜓，

自由地升降。

碧绿的荷叶，

是鱼儿的大伞。

雨滴来了可以遮挡，

太阳来了可以歇凉。

碧绿的荷叶，

是池塘的录音盘。

录着动听的蛙鸣。

白天黑夜不停地播放。[1]

比喻法分为以下两种。

一是明喻法，就是用"甲像乙"这种句式来写。"像"字也可灵活地改用为"似""如""如同""好比""好像""仿佛"等同义字词。此法适合描写实物、大自然景象或事物的特点，如《小蜻蜓》。

小蜻蜓

小蜻蜓，

真美丽，

双翅膀，

花肚皮，

好像一架战斗机。

飞到东，

飞到西，

捉蚊虫，

真卖力，

花儿点头笑眯眯。

二是隐喻法。比起明喻法，隐喻法就像个含蓄的小姑娘，利用"甲是乙"这种方式来形容人、事、物。有时也将"是"写为"就是""成""成为""变为"等字词。例如，"风儿是个顽皮的小孩，把小树吹得东倒西歪"（《风儿》），"星星是爱赖床的小猪，太阳下山了才肯起床读书"（《星星》）。

(二)拟人法

拟人法指的是把物当作有思想的人来写，让它们会想问题、会说话。

---

① 杨帆：《幼儿教师实用语文》，208 页，上海，复旦大学出版社，2015。

拟人法在幼儿诗中也很常用，如《汽水》。

汽　水

罗青

跟你握握手

你就冒气

请你脱脱帽

你就生气

干干脆脆

一口把你喝下去。

看你还

神不神气。①

　　跟拟人法相对应的还有拟物法，就是把人当作物来写。我们在形容一个人时，常用这种方法来强调其性格等，如"小妹温顺得像一只绵羊""他顽固得像一块石头"，又如《如果》。

如　果

如果我是春天，

我要让最美的花儿，

一齐为老师鲜艳。

如果我是夏天，

我要让丝丝清风，

轻抚老师的颜面。

如果我是秋天，

我将让芬芳的鲜果，

结满老师的窗前。

如果我是冬天，

我将用片片雪花，

寄去对老师的想念。

(三)排比法

　　排比法指的是用同一个词或同一种句型描写一件事物。排比是一种重

---

① 尹世霖：《滋养童心的100首中国经典儿童诗》，65页，乌鲁木齐，新疆青少年出版社，2013。

要的表达方式，诗歌中的排比为幼儿言语表达提供了言说和创造的机会，如《风》。

风

风儿，微笑。

在树上荡秋千，

在草原上赛跑，

在院子里拿树叶儿玩飞镖游戏。[①]

(四)阅兵法

阅兵法指的是分层次描写，突出主题，如《树》。

树

春天的树，

是花儿们选美的舞台。

夏天的树，

是蝉儿们唱歌的教室。

秋天的树，

是水果们睡觉的摇篮。

冬天的树，

是风儿们赛跑的运动场。[②]

(五)假设法

假设法指的是使用"假如""如果"等假设词，写出希望和想象，如《如果我变成了风》。

如果我变成了风

如果我变成风，

就到妈妈工作的地方。

替妈妈，

把脸上的汗珠，

一颗一颗吹干。[③]

(六)问答法

问答法指的是先提问后回答，如《小草》。

---

① 陈智文：《作文其实很简单》，270页，福州，福建教育出版社，2012。
② 杨帆：《幼儿教师实用语文》，208页，上海，复旦大学出版社，2015。
③ 杨帆：《幼儿教师实用语文》，208页，上海，复旦大学出版社，2015。

小　草

小草小草我问你：

你为什么这样绿？

小草笑着来回答：

因为阳光温暖我，

因为雨水滋润我。

小草小草我问你：

你为什么这样绿？

小草笑着来回答：

因为园丁照顾我，

因为小朋友爱护我。

（七）摹声法

摹声法指的是模仿各种生物或东西特有的声音来写，如《小雨点》。

小雨点

陈文祎

小雨点，下呀下，

打着小伞，

啪！啪！啪！

拍着树叶，

嚓！嚓！嚓！

敲着屋顶，

嗒！嗒！嗒！

跳进水里，

哗！哗！哗！①

本课回顾

学习要点	掌握程度	自我评价
幼儿诗的创作原则	明确理解	☆☆☆☆☆

---

① 郁旭峰：《诗润心田无声——儿童诗阅读创作课"噼里啪啦"教学设计》，载《小学语文教学》，2016(21)。

第三课　幼儿诗作品阅读与欣赏

一、《需要什么》([意大利]贾尼·罗大里)

做一张桌子,

需要木头;

要有木头,

需要大树;

要种大树,

需要种子;

要有种子,

需要果实;

要有果实,

需要花朵;

做一张桌子,

需要花一朵。①

【作品导读】诗是语言的艺术。20世纪最伟大的儿童文学作家之一、安徒生奖得主贾尼·罗大里的这首《需要什么》被翻译成多国语言,陪伴全世界孩子的成长。诗以"做一张桌子,需要什么"这个问题来展开,将做一张桌子所需的东西进行层层推理,在结尾终于推出答案"做一张桌子,需要花一朵"。这个答案既在推理之中又诗意十足,令人回味无穷。

二、《圆圆和圈圈》(郑春华)

有个圆圆,

爱画圈圈,

大圈像太阳,

小圈像雨点。

---

① [意大利]贾尼·罗大里:《天上和人间的歌》,邢文健、亓菡译,115页,石家庄,河北少年儿童出版社,2000。

晚上，圆圆睡了，

圈圈很想圆圆，

悄悄地、慢慢地

滚进圆圆梦里面——

一会儿变摇鼓，

逗着圆圆玩；

一会儿变气球，

围着圆圆转……

圆圆睡醒了，

圈圈眨眨眼，

变成大苹果，

躲在枕头边。[①]

【作品导读】这首诗的韵脚大致相同，具有绕口令的色彩，音乐性强，适合幼儿训练口语表达。作者熟知幼儿的心理，以幼儿的眼光捕捉幼儿熟悉的生活，选择了带有游戏意味的"画圈"的事情进行构思，并用拟人手法让"圈圈"进入圆圆的梦境，为我们塑造了一个纯真可爱、善于想象的孩童形象。

三、《小弟和小猫》(柯岩)

我家有个小弟弟，

聪明又淘气，

每天爬高又爬低，

满头满脸都是泥。

妈妈叫他来洗澡，

装没听见他就跑；

爸爸拿镜子把他照，

① 尹世霖：《滋养童心的 100 首中国经典儿童诗》，73 页，乌鲁木齐，新疆青少年出版社，2013。

他闭上眼睛咯咯地笑。

姐姐抱来个小花猫，
拍拍爪子舔舔毛，
两眼一眯："妙，妙，妙，
谁跟我玩，谁把我抱？"

弟弟伸出小黑手，
小猫连忙往后跳，
胡子一撅头一摇：
"不妙不妙！太脏太脏我不要！"

姐姐听见哈哈笑，
爸爸妈妈皱眉毛，
小弟听了真害臊：
"妈！妈！快给我洗个澡！"[①]

【作品导读】这首诗的创作题材来源于生活，生活中常常可见有的幼儿不爱洗手的现象。这首诗通过拟人手法，形象生动地讲述了小弟弟不讲卫生，不仅大人不喜欢，甚至连小猫都不和他玩的情节。幼儿像听故事一样听这首诗，一听就会明白，不需做过多的思考。

四、《我是男子汉》(傅天琳)

如果今天夜里突然起风
不要害怕，妈妈
我是家里的男子汉

我已经六岁了，我是男子汉
我会举起长长的陀螺鞭子
把不听话的风

---

① 柯岩：《柯岩文集第 5 卷·诗歌》，2～3 页，成都，四川文艺出版社，2009。

赶到没有灯光的角落

让它罚站

爸爸不会回来，今天不是星期天

妈妈你不要发愁

我是男子汉

我会用爸爸使过的锯子和斧子

为你劈开生炉子的柴

叔叔说男子汉就是有出息

妈妈你身边也有一个有出息

如果你收到一封

从天上拍来的电报

那就是你的男子汉儿子

要摘来一颗星星

照你写字，到很晚很晚①

【作品导读】每个小男孩都很为"男子汉"这个称号自豪，这真是一件有趣的事。每个小男孩似乎都迫不及待地要像爸爸那样，像爸爸一样胆大心细，像爸爸一样承包家里所有的力气活，像爸爸一样坚定地说："有我在，别怕。"诗中的小男孩还非常有想象力，爸爸不在家的日子里，他要用自己的陀螺鞭子把吓人的风赶走，他想从夜空中摘来一颗星星为妈妈照明。在一个六岁孩子的眼里，在有趣的诗里，有什么做不到的呢？

五、《嫩绿的豆荚》(金波)

我和邻居小丫，

吵了一大架。

我发誓说，

再不进她的家！

第一天，

---

① 傅天琳：《幽蓝幽蓝的童话——傅天琳儿童诗集》，10 页，重庆，重庆出版社，2016。

在街上相遇，
我看都不看她。
第二天，
她见了我，
却故意和别人
大声地说话。
我刚看她一眼，
她又噘起了嘴巴。
第三天，
我捉了一只知了，
从她窗前走过，
她正巧看我，
却又装着摆弄
那盆月季花。
我发誓说，
再不进她的家！

我家的菜园里，
结满了嫩绿的豆荚。
妈妈摘了一篮子，
让我送给张奶奶，
送给李妈妈，
最后一大篮子，
让我去送给小丫。

我真后悔，
干吗要发誓，
再不进她的家。

我提着一篮豆荚，
来到她家门前，

轻轻地敲敲门，
就急忙把篮子
放在她家门槛下。

回到家，
妈妈问得可真仔细——
"送到啦?"
"送到了!"
"说了什么话?"
"没说什么话!"
"篮子呢?"
"忘了拿。"
"去把空篮子拿回来，
快去呀，
快去吧!"

唉，我真后悔，
干吗要发誓，
再不进她的家!

走在半路上，
忽然，我看见了小丫，
她正给我送还篮子，
篮子里，装着
又大又甜的瓜!

妈妈，您
真是个好妈妈，
您让我懂得了
如果篮子里
装的是嫩绿的豆荚，

就应该送给

张奶奶、李妈妈、

还有邻居小丫；

如果心里

装的是友爱和温暖，

就应该快快

送给你、

送给他、

送给大家！①

【作品导读】这首叙事诗从头到尾读下来，往往会令读者忍俊不禁。我们仿佛可以看到一个纯真的稚龄孩子，因一件小事与小伙伴闹了别扭，由开始的"发誓""再不进她的家"和互不理睬，到相互试探、恼羞成怒，再到因为"嫩绿的豆荚"而和好如初。这首诗一波三折，绘声绘色地刻画出了"我"的心理起伏和情绪变化。诗中"嫩绿的豆荚"象征着友爱和温暖，具有打动人心的效果。

第四课　幼儿诗教学活动指导

一首好的幼儿诗，不仅可以丰富幼儿的知识，发展语言，启迪智慧，而且可以使幼儿的心灵和情感受到良好的熏陶，发展幼儿的想象力和创造思维能力。在幼儿园的实际教学中，应采取适当的方法，实施正确的教育，以发展幼儿的创造性思维。

一、幼儿诗教学的注意事项

(一)诗歌教学内容的选择应多样化

幼儿好奇心强，好学好动，创造性想象力处在从开始萌芽到不断发展的过程中。因此，给幼儿提供的诗歌就不应该只限于幼儿园语言教材上的内容，而应选择一些具有时代特点，接近幼儿生活，题材广泛，为幼儿所

---

① 金波：《金波儿童诗集》，179～182页，济南，明天出版社，1990。

喜爱的，以及反映现代科技发展水平，启发幼儿思维和想象，培养幼儿创造能力的内容。

(二)诗歌教学的创造性目标必须具体可操作

我们要具有明确的目标意识，懂得必须根据幼儿的年龄特点和生活经验制订具体、明确并可操作的诗歌教学目标。如诗歌教学中，不能只注重道德教育目标，而应通过诗歌培养幼儿的审美情趣；不能片面地注重通过诗歌教学培养幼儿的记忆力和语言表达能力，更重要的是通过诗歌教学培养幼儿的理解、想象和创新的能力。

(三)在诗歌教学方法上尝试培养幼儿的创造力

诗歌的特点决定了幼儿诗教学可以启发幼儿思考，发展幼儿的想象力，培养幼儿的创造力。例如，在朗诵诗歌的过程中，幼儿除了运用语言外，还可以通过眼神、手势、身姿等表情和动作，创造性地表现诗歌，同时可以借助丰富的想象，加强诗歌的艺术感受。教师要接纳幼儿的差异性、独特性和创造性，精心设置问题情境，培养幼儿的发散思维，还可以将诗歌教学与其他领域的教育活动相结合，如以某一首诗歌为中心，开展欣赏、朗诵、表演、制作、绘画、音乐等创造性活动，来丰富幼儿的想象力，发展幼儿的创造性思维。

总之，充满儿童情趣和具有教育意义的幼儿诗伴随着幼儿的成长，是幼儿喜爱的精神食粮。教师应在诗歌教学中充分挖掘幼儿的创造潜力，选择灵活多样的教学方法，借助鲜明生动的艺术形象和简洁明快的语言，发展幼儿创造思维能力，让文学的种子在他们幼小的心田发芽。

二、幼儿诗教学活动案例

案例1：手套

教案供稿：山东省实验幼儿园　郭玉村

【活动目标】

第一，感受诗歌表达的关爱之情，萌发乐于助人的美好情感。

第二，理解诗歌内容，有感情地朗诵诗歌。

【重难点分析】

重点：理解诗歌内容，有感情地朗诵诗。

难点：体验"手很温暖""心里也很温暖"的美好情感。

【活动准备】

多媒体课件或挂图：背景图——飘雪的冬天；图片三幅（分别为女孩丫丫、男孩小明、丫丫的妈妈）；手套两副、水彩笔及印有手套轮廓的画纸若干。

【步骤流程】

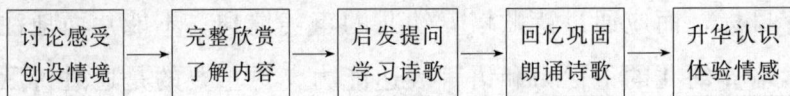

【活动过程】

(一)讨论感受，创设情境

1. 讨论感受

指导语：小明失去了亲爱的妈妈。请小朋友们想一想，没有妈妈的疼爱和陪伴，小明的心情会是怎样的？

2. 创设情境

指导语：冬天来了，天气变得越来越冷了。请大家看看、想想，小明可能会遇到什么困难？我们能够为他做些什么？

(二)完整欣赏，了解诗歌内容

指导语：丫丫知道小明的困难后，是怎么想的呢？让我们来听一听她的心里话。

提问：丫丫为小明做了什么？

(三)启发提问，学习诗歌语言

教师提问，要求幼儿用诗歌语言回答。

提问：

• 寒冷的冬天来了，谁为丫丫织手套？

• 戴着妈妈织的手套，丫丫的手还冷吗？心里有什么感觉？

• 她为什么请妈妈为小明织一副手套？

• 丫丫的心愿是什么？

(四)回忆巩固，朗诵诗歌

指导语：小朋友在诗歌中都听到了什么？请把它讲给其他小朋友听。

集体、分组、个别朗诵诗歌。

(五)升华认识，感悟助人的美好

• 提问：看到小明戴上妈妈织的手套，丫丫会有什么感受？为什么？

小结：帮助别人可以给自己和别人带去快乐，只有奉献爱心，相互帮助，才能战胜困难。

• 提问：我们身边还有哪些需要帮助的人？大家该怎样做？

【活动延伸】

"我帮小明做手套"。请幼儿设计并装饰各种不同的手套。

可结合本园实际情况，举行"心系贫困、奉献爱心"的主题活动。

【附】

手 套

谢武彰

寒冷的冬天来了，

妈妈织了一副手套，

给我上学的时候戴。

这副毛线手套就是

妈妈的手握着我的手，

我的手就不会冻坏了。

我的手很温暖，

我的心里也很温暖。

小明没有妈妈，

小明也没有手套，

我要请妈妈织一副送给他。

好让他的手也有

妈妈的手紧紧地握着，

他的手就不会冻坏了。

他的手很温暖，

他的心里也很温暖。①

案例 2：回家

教案供稿：山东省实验幼儿园　郭玉村

【活动目标】

第一，感知诗歌优美的意境，体会父母的牵挂，懂得乐于助人。

---

① 方卫平：《永远的布谷鸟》，151 页，济南，明天出版社，2017。

第二，理解诗歌内容，学习有感情地朗诵。

【重难点分析】

重点：理解诗歌内容，体会父母对孩子的牵挂。

难点：运用恰当的语气进行朗诵。

【活动准备】

课件或以下教具：森林草地、刮风下雨的背景图片一张，蚂蚁、蜜蜂、蜻蜓妈妈头饰各一，小蚂蚁、小蜜蜂、小蜻蜓、飞机、小船、向导图片各一，诗歌录音。

【步骤流程】

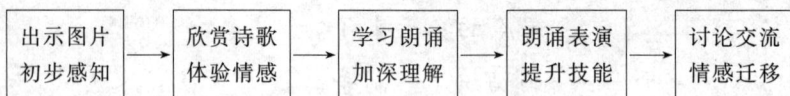

【活动过程】

(一)出示背景图，感受"妈妈"焦急的心情

指导语：要刮风了、下雨了、天黑了，蚂蚁妈妈、蜜蜂妈妈、蜻蜓妈妈的娃娃还没回家，妈妈们会怎么样想呢？你能帮它们想出好办法吗？

(二)欣赏诗歌，感受"妈妈"的焦急和乐于助人的情感

1. 教师完整朗诵诗歌

提问：你听到了什么？

2. 播放诗歌录音，再次欣赏

提问：你最喜欢诗歌里的哪一句？为什么？

(三)学习有感情地朗诵诗歌，加深理解

可采用集体完整练习朗诵、分组轮流朗诵和个别朗诵的形式进行，注意语气、语调的掌握及动作的配合。

提问：

• 让蚂蚁妈妈、蜜蜂妈妈、蜻蜓妈妈担心的事情分别是什么？小朋友是怎样帮助它们的？

• 诗歌中哪些词语表达了妈妈们的担心？

• 丰富词汇：牵挂、离群

(四)诗歌朗诵"金话筒"比赛

根据掌握情况，采用分组或个别的形式上台为大家朗诵诗歌。

提问：你喜欢哪一组或哪个小朋友的朗诵？为什么？

（五）谈话交流，迁移感情

提问：

• 你的妈妈是怎样牵挂你的？怎样就不让妈妈担心呢？

• 当别人遇到了困难，你会怎么做？

【活动延伸】

继续举行诗歌朗诵"金话筒"比赛。

【附】

回　家

风，就要刮，

蚂蚁妈妈放心不下娃娃，

要是被风吹远就找不到家。

蚂蚁妈妈，您别牵挂，

让我变架飞机，

送离群的小蚂蚁回家，

不再让您牵挂。

雨，快要下，

蜜蜂妈妈放心不下娃娃，

要是被雨淋湿了翅膀就飞不回家。

蜜蜂妈妈，您别牵挂，

让我变只小船，

送落水的小蜜蜂回家，

不再让您牵挂。

天，要黑了，

蜻蜓妈妈放心不下娃娃，

要是撞上了蜘蛛网就再也回不了家。

蜻蜓妈妈，您别牵挂，

让我做回向导，

送迷路的小蜻蜓回家，

不再让您牵挂。

风，呼呼刮，

雨，哗哗下，

妈妈的娃娃都平安地回到了家，

不再让妈妈牵挂。

本课回顾

学习要点	掌握程度	自我评价
幼儿诗教学的注意事项	理解并掌握	☆☆☆☆☆
幼儿诗教学案例的学习	理解并应用	☆☆☆☆☆

思考与练习

1. 儿歌与幼儿诗有什么不同？常见的幼儿诗有哪几种？

2. 收集整理两首幼儿诗，在朗读和分析的基础上，再做出你的修改。

3. 以"妈妈的爱"为题，运用比喻手法写一首幼儿诗。

4. 将下面这首诗补充完整。

假如我有一朵七色花

我想有一朵七色花，

第一片送给失学的孩子们，让他们走进校园。

第二片送给世界上的残疾人，使他们健康快乐。

第三片＿＿＿＿＿＿＿＿＿＿＿＿＿＿＿＿＿＿

第四片＿＿＿＿＿＿＿＿＿＿＿＿＿＿＿＿＿＿

第五片＿＿＿＿＿＿＿＿＿＿＿＿＿＿＿＿＿＿

第六片＿＿＿＿＿＿＿＿＿＿＿＿＿＿＿＿＿＿

第七片＿＿＿＿＿＿＿＿＿＿＿＿＿＿＿＿＿＿

学习反思

＿＿＿＿＿＿＿＿＿＿＿＿＿＿＿＿＿＿＿＿＿＿＿＿＿＿＿＿

＿＿＿＿＿＿＿＿＿＿＿＿＿＿＿＿＿＿＿＿＿＿＿＿＿＿＿＿

＿＿＿＿＿＿＿＿＿＿＿＿＿＿＿＿＿＿＿＿＿＿＿＿＿＿＿＿

＿＿＿＿＿＿＿＿＿＿＿＿＿＿＿＿＿＿＿＿＿＿＿＿＿＿＿＿

第四单元
童　话

1. 了解童话的基本概念及历史发展。

2. 掌握童话的艺术特征。

3. 能够运用童话的相关理论赏析国内外童话经典作品。

4. 尝试进行童话的教学活动设计。

导　语

　　童话就是写给孩子看的故事，不过这些故事不是普通的故事，也不是真的故事。这些故事是想出来的最可爱的故事。这些故事把天底下所有的东西都当作人来看待，让所有的东西互相交朋友，让好的愿望实现，让一切有趣的事情都能发生。

第一课　童话理论

一、童话的内涵

童话作为儿童文学的重要文学形式，也是幼儿文学中最基本、最重要的体裁之一。它是以幻想为本质属性，通过夸张、变形、荒诞等艺术手段创作出来的符合儿童思维方式的、富有幻想色彩的奇妙故事。

童话和其他文学类型的不同之处，就在于它创造了一个外观与一般文学非常不同的世界。作为一种文学样式，童话从它初具雏形到发展成熟经历了一段很长的历史时期。而"童话"这一名称的使用却是近代的事。我们所说的"童话"一词源于日本，清末在我国出现，其标志是商务印书馆出版的由孙毓修主编的"童话"丛书。

童话的初期概念广泛，泛指所有写给儿童读者的侧重叙事性的儿童读物，没有和神话、传说、寓言、民间故事、图画故事、儿童小说等区别开。到了五四新文化运动以后，随着我国童话创作实践和理论的发展，童话范围才逐渐缩小，仅指通过想象、幻想和夸张的艺术手法编写的适合儿童欣赏的故事。

儿童文学根据接受对象的年龄层次分为幼儿文学、儿童文学、少年文学，童话也相对应地在内容和形式上进行了分层。我们把那些适合幼儿听赏的，内容浅显、情节单一的童话叫作幼儿童话。对于幼儿来说，幼儿童话内涵丰富，可以开阔眼界、增长知识、陶冶情操、锻炼思维，一直是他们最喜欢的文学体裁之一。

二、童话的起源及发展过程

(一)童话的起源

关于童话的起源，学界存在不同的观点。有的人认为童话是由神话演变而来的，按照"神话—传说—童话"的轨迹发展而来，即"演变说"；有的人认为神话和传说中都有部分童话，神话与传说这两种口传文学相互包容童话，即"包容说"；还有的人认为童话是"舶来品"，起源于印度，即"外来说"。

神话是最古老的文学样式，是远古时期的人们所创造的反映人与自然的关系及社会形态的故事。当时的人们凭借幻想去描述神的行为和生活。例如，在希腊神话中，地母盖亚生天父乌拉诺斯，普罗米修斯用黄土造成了血肉之躯，智慧女神雅典娜给人以灵魂等；中国神话中盘古开天辟地、女娲抟黄土造人、嫦娥奔月等，这些都是古代神话的典型例子。

传说是与一定的历史人物、历史事件及地方古迹、自然风物、社会习俗有关的，具有较强历史性的故事。传说是在神话流传演变的基础上产生的，最古老的传说与神话十分接近。随着民间创作的发展，两者的界限越来越分明。神话以超自然的神的形象作为叙述的中心，传说则以历史上真实存在的著名人物或者某种社会事物作为依据，虽有虚构和夸张的成分，但包含着真实的历史因素，如大禹治水、神医华佗、巧匠鲁班等。传说中的这些幻想因素也为童话的产生奠定了基础。

随着时代的进步，神话和传说虽然都已经成为远古时代特定历史阶段的产物，失去了它们原有的功能，但是其本身具有的神秘感和奇异感却保留了下来。这些古老的文学艺术逐渐演变成民间故事，口口相传，民间童话也就在这个过程中诞生了。这种由神话、传说逐渐演变而来的民间故事中，有一部分适合儿童听赏的并且幻想性较强的故事，我们称为"民间童话"。例如，《搜神后记》中的《白水素女》讲述的就是中国民间广为流传的"田螺姑娘"的故事；《酉阳杂俎》中的《叶限》讲述的就是中国版的"灰姑娘"的故事。

综合各种观点，可以这样认为，童话的历史演变有以下几个阶段：神话（原始初民的口头创作）—民间童话（民间流传的口头文学形式）—准童话（文学作者自觉收集整理的童话）—现代童话（创作童话）。

（二）世界童话的发展

民间童话是指人们口头创作并在民间口头上流传的童话，是童话早期发展的形式。在世代相传的过程中，人们依据自己的理想和心愿不断地对民间童话进行改编，所以民间童话是一种集体创作成果。后来有人对口头流传的民间童话进行了搜集、整理。例如，《五卷书》（古印度）、《天方夜谭》（古阿拉伯）等古代文学典籍都收入了经过搜集整理的民间童话。

在此基础上，一些作家开始单独采录、复述、加工童话故事，这时，童话才成为一种独具特色的文学体裁。

1697年，法国的作家夏尔·贝洛出版的《鹅妈妈的故事》（又名《寓有道德教训的往日的故事》）收入了8篇童话（再版时又补充了3篇童话诗）。这些童话不仅保留了民间童话的质朴，同时融入了自己对生活的观察，引进了新的童话形象和生活景象，表现出了作家在新的儿童观的影响下爆发出来的蓬勃的艺术创造力，开辟了创编民间童话的道路。

在欧洲文学史上，《鹅妈妈的故事》是一部介于民间童话与艺术童话之间，起着承上启下作用的童话作品。当时，整个欧洲掀起了一股搜集、整理民间文学的热潮。19世纪德国的格林兄弟大量搜集、整理民间童话。他们编著的两卷《儿童与家庭童话集》，其中童话超过200篇，是第一部大型民间童话集。格林兄弟对民间童话的记叙采用了忠实的笔调，保留了这些民间童话的原始风貌。同时，英国的安德鲁·朗格、约瑟夫·雅各布斯，挪威的阿斯彪昂生，意大利的卡尔维诺等学者，也都以极大的热情投入民间童话作品的搜集、整理工作中。这些充分保留了民间童话风貌的作品直接成为作家创作的根源，也促使了艺术童话的诞生。

到了18世纪末，特别是德国浪漫主义后期，童话受到前所未有的重视，童话的艺术形式也逐步完善，并成为现代童话的主流。这时期真正自觉地为儿童创作童话的作家首推19世纪丹麦的童话家安徒生。

安徒生童话的出现是世界童话史上新的里程碑。在《小意达的花》《海的女儿》《丑小鸭》等作品中，安徒生超越了民间童话的艺术形式，形成了自己鲜明、个性的艺术风格，为现代童话提供了崭新的叙事模式，使民间童话完成了向文学童话的成熟转变。安徒生的早期童话依然取材于民间童话，如《打火匣》等，后来他才开始独立创作，如《卖火柴的小女孩》《海的女儿》等。安徒生开创了作家创作童话的时代，他是文学童话的奠基人，他的童话标志着创作童话的诞生。

19世纪中叶到20世纪，欧洲各国童话佳作不断问世，童话的体裁由短篇发展到中长篇，其中有不少幼儿童话，如英国作家查尔斯·金斯利的长篇童话《水孩子》、英国作家刘易斯·卡罗尔的中篇童话《爱丽丝漫游奇境记》及意大利作家卡洛·科洛迪的长篇童话《木偶奇遇记》。到了20世纪，儿童文学进入发展的黄金时代，展开了新的篇章，代表作品有意大利作家贾尼·罗大里的童话《假话国历险记》、瑞典作家阿斯特丽德·林格伦的童话《长袜子皮皮》等。

(三)中国童话的发展

与历史悠久的欧洲童话发展史相比，虽然中国古代文学中也保存着许多优秀的民间童话故事，但文学童话却起步很晚，在各个历史时期发展得也极不平衡。

我国的童话大概出现在五四时期。清末孙毓修主编的"童话"丛书，第一次使用了"童话"一词，但他所指的童话包含了各种儿童文学体裁。一直到五四时期，童话才成为一种独立文体出现在文坛上。叶圣陶创作的《小白船》《一粒种子》《稻草人》等童话，标志着我国的童话创作已开辟出自己的道路。同时，20世纪初大量西方童话作品被翻译到中国，从一定程度上催生了现代意义上的中国童话。

叶圣陶于1923年出版的《稻草人》是我国第一部创作童话集，奠定了我国现代童话的基石，"给中国的童话开辟了一条自己创作的路"(鲁迅)，其现实主义的创作风格对中国现当代童话创作有深远的影响。1932年，张天翼发表了中国第一部长篇童话《大林和小林》，堪称中国童话的经典之作。随后他发表了《秃秃大王》等长篇童话，从儿童视角出发，充满幽默色彩，情节荒诞，带有浓厚的游戏性意味，他也被称为"现代童话大师"。20世纪40年代，严文井在写散文的同时也陆续发表了《南南同胡子伯伯》《四季的风》等作品，这些作品都带有诗意，充满美的意境。但是童话创作自五四时期开始，一直处于缓慢的发展阶段，直到中华人民共和国成立后才逐渐得到根本改变，突飞猛进，远超前段时期。20世纪50年代是中国童话的一个重要时期。这时期，张天翼创作发表了《宝葫芦的秘密》，其中塑造了一个比较立体的童话形象，即王葆。但这部童话太像一部生活小说，里面的宝物只有宝葫芦，还不能完全体现童话的幻想世界。在这一时期，还出现了洪汛涛的《神笔马良》、严文井的《小溪流的歌》、阮章竞的《金色的海螺》、葛翠琳的《野葡萄》等影响比较大的童话作品。到20世纪60年代，孙幼军的《小布头奇遇记》《萤火虫找朋友》、赵燕翼的童话集《金瓜儿银豆儿》、金近的《狐狸打猎人的故事》、包蕾的《猪八戒新传》等作品陆续出版。这些童话改编和模仿的色彩浓厚，奠定了当代童话的基础。20世纪80年代以来，我国童话迎来了大丰收的繁荣时期，涌现了不少优秀的儿童文学作家，如郑渊洁、葛冰、冰波、周锐、张秋生、野军、郑春华、班马、汤素兰、张之路、彭懿、杨红樱、张弘、葛竞、杨鹏、王蔚、熊磊等。他们的创作摆脱了单纯的教育功能，着重突出童话的审美价值，强调现实和幻想的融合，并将卡通、科幻等多种表现手法引入童话创作中。这批作家已经成为近二十年来童话创作的中坚力量，有"北有孙幼军，南有张秋生"之说。孙幼军的《小狗的小房子》《怪老头儿》、张秋生的《小巴掌童话》、吴梦起的《老鼠看下棋》、赵燕翼的《小燕子和它的三邻居》等，曾荣获中国作协第一届或第二届全国优秀儿童文学奖。

随着历史的发展，经过几代童话作家的共同努力，我国的童话创作逐渐走向成熟。童话将在促进幼儿身心发展、提高幼儿审美能力、升华幼儿情感等方面，发挥更加显著的作用。

三、童话的分类

童话的样式有很多类，根据不同的标准，可以划分为以下不同的类型。

(一)根据作品来源和发展阶段的不同，可分为传统童话和现代童话

传统童话，即民间童话，是在民间流传的适合儿童阅读的幻想故事。民间童话的故事情节奇异动人，具有丰富的想象力，为群众所欢迎。现在我们看到的民间童话大部分是由后人搜集、整理而成的，比较有代表性的民间童话集有《贝洛童话》《格林童话》和《意大利童话》。

现代童话又称创作童话或艺术童话，是在民间童话基础上发展起来、由作家自觉创作的童话作品，有独特的艺术风格，创作方法灵活多样。在世界童话史上，安徒生是一个完全意义上的童话作家，作品有《丑小鸭》《海的女儿》《夜莺》等。我们要指出的是，创作童话并没有完全脱离民间童话，两者有着直接渊源，创作童话的产生在很大程度上推动了民间童话价值的实现和艺术的再生。

童话既然有传统童话和现代童话之分，那么二者的童话特质就存在着不同之处。传统童话的特征表现在以下几个方面。

第一，开头结尾模式化。传统童话常常是以"从前"开始，拉开作品与现实之间的距离；以"从此以后"收篇，从童话世界回到现实世界，在"拉开"与"缩短"的结构框架中讲述一个故事。

第二，故事形态模式化。传统童话讲述的常常是类型化的故事，如

"天鹅处女型""灰姑娘型""两兄弟型""三姐妹型"等童话故事。

第三，情节结构模式化。传统童话常常是三段式的情节结构，即情节的发展以三次跌宕为准，如《白雪公主》中，后母三次到林中残害白雪公主，《灰姑娘》中，灰姑娘三次从舞会上逃开。

第四，主题模式化。传统童话表现的常常是传统的主题，即抑恶扬善、恶有恶报、善有善报，如作品《大拇指》。传统童话的主题是直接、鲜明的。它通过具体的事件和事物来表达主人公的需要、关系和感觉，并且在对立模式中建立"一切都和谐"的理想境界。因此，传统童话往往采用极端和对立的方式来呈现善和恶的斗争，最终表现抑恶扬善的传统主题。例如，在夏尔·贝洛的《仙女》中，仙女对勤劳和懒惰、善与恶的奖惩方式形成了极大的反差，由此突出了童话的道德主题，起到了道德教化的作用。这种两极对立的叙事风格体现了人与人之间的关系以及人在内心深处的自我抗争，而善最终战胜恶的童话结局则使人在现实中心理上的匮乏得到补偿。

现代童话的开山鼻祖是安徒生。自此，作家逐渐有了为儿童创作童话的意识，并开始了艺术实践。现代童话的特征表现在以下几个方面。

第一，艺术地表现儿童幻想中的世界。儿童的幻想世界中充满了绮丽的色彩，在他们的思维深层，活跃着万物有灵的生命一体化的思想，因此他们幻想世界中的万事万物都有生命的灵性。例如，在阿斯特丽德·林格伦的《小飞人卡尔松》中，卡尔松通过按肚子上的按钮就会飞起来。再如，在特拉弗斯的《随风而来的玛丽阿姨》中，孩子们飞上天花板，在空中吃午餐，一日之内游世界，包里有取不尽的生活用品等。这些都与儿童幻想中的世界是相吻合的。

第二，表达成人的童年梦想。成人作家的创作中常常会有对童年的怀念和想象。例如，阿斯特丽德·林格伦在创作童话时就会联想到童年时的自己；巴里的《彼得·潘》中永不长大的小孩，隐藏的就是成人童年时的梦想与崇拜。

第三，具有多样化、个性化的文本形式。现代童话在结构形式上突破了传统童话的单一结构，实现了双线结构。双线结构是指，现实和幻想两种线索同时存在，真幻交替，互为映衬，这使童话向着幻想的自由王国又迈进了一步。双线结构童话的线索类型有以下三种：一是平行线结构，现实与幻想各成独立的世界，但两者又相互联系，如怀特的《夏洛的网》；二是双线糅合结构，幻想人物在现实的生活中，如《小飞人卡尔松》中卡尔松是幻想人物，但与现实中的人物糅合在一起；三是虚实线结构，以幻想世界为主线，现实世界为虚线，如在米尔恩的《小熊温尼·普》中，玩具熊的主人罗宾要求"我"给他的玩具熊温尼·普讲讲关于它的故事，于是"我"就讲了关于小熊温尼·普的故事，罗宾也成了故事中的一个角色，这个童话的明线是"我"讲温尼·普的故事，暗线是罗宾听故事的过程。

(二)根据人物形象类型不同，可分为常人体童话、拟人体童话、超人体童话

常人体童话中的人物形象是以寻常人的面貌出现的，他们的外貌、形体、语言等特征都与常人无异。常人体童话形象可以分为以下三种。

第一种是常人表现出超人的神力。例如，在特拉弗斯的《随风而来的玛丽阿姨》中，在外表上，玛丽·波平斯阿姨与普通的家庭教师毫无二致，但实际上，她不是普普通通的人，而是一个有着无边神力的超人，她有许多魔力。再如，在阿斯特丽德·林格伦的《长袜子皮皮》中，皮皮力大无比，能把一匹马举过头顶。

第二种是常人与超自然物、超自然世界发生关系而进入超常态环境中。例如，张天翼的《宝葫芦的秘密》中的王葆与宝葫芦的神奇经历，刘易斯·卡罗尔的《爱丽丝漫游奇境记》中的爱丽丝进入幻境后变大变小的经历等。

第三种是常人呈现出与现实完全对应的人，无超常之处。这一种常人体童话的人物形象只是普通的人，没有超凡的能力和神奇的宝物，所处的环境也是常态化的日常生活环境。例如，《皇帝的新装》中的皇帝、大臣和骗子，《三个强盗》中的强盗，《老头子做事总不会错》中的老头子、老婆子，《不动脑筋的故事》中的赵大化等。

拟人体童话中的人物多是人类以外各种人格化的有生命和无生命的事物，作家通过拟人化的手法让他们具有人的思想、感情和性格行为。拟人体童话形象在童话中所占数量最多，此类形象具备了人的行为能力、言语能力、思维、情感等。拟人体童话中有动植物拟人、器物拟人、不具象事物拟人这三种类型的童话形象。其中，动植物的拟人体形象在童话中最为常见，它们在保持了本身的自然属性的同时，又被象征性地赋予了许多人的品性。例如，在《小象过生日》中，小金丝猴、小兔、小狗等动物都会讲话，都有各种行为和感情。再如，《夏洛的网》中有着深厚友谊的蜘蛛和猪，郑渊洁刻画的小老鼠舒克与贝塔等。器物拟人体人物形象中的器物在现实中是无生命的，但童话作家赋予它们生命，使它们具有人的品性。例如，在《扣子老三》中，作者周锐将无生命的扣子拟人化，讲述了一枚扣子身不由己的历险故事。再如，在《木偶奇遇记》中，作者卡洛·科洛迪让木偶匹诺曹遇到了一系列有趣、滑稽的事情。还有《会滚的"汽车"》中那只喜欢助人为乐的大木桶，《小意达的花儿》中参加舞会的各种花儿，《小布头奇遇记》中的"小布头"等。不具象事物拟人体形象则是指常出现在童话中的"风爷爷""春姑娘""时间老人"等童话形象。

超人体童话多见于民间童话和古典童话之中，描写的是超自然的人物以及他们的活动。该童话中人物的外貌与常人不同。他们有常人无法企及的本领和法术，与周围的关系也和常人不同。超人体童话一般是借助超越常人与自然力的神仙、妖魔或宝物来展开神奇怪诞的情节的。例如，在《五彩云毯》中，七仙女采集各色云朵，编织云毯；在《小女巫》中，小女巫用智慧和魔法敛聚起女巫的扫帚和魔法书，与乌鸦伙伴围着篝火尽情地跳舞；在《好心眼儿巨人》中，"好心眼儿巨人"心地善良，他在瓶子里调出美好的梦，然后在夜里把它们吹进熟睡的小朋友的梦中。这些现象和行为在现实社会中是无法找到的，但作品中所表现的思想感情又是人类所共有的。

(三)根据童话体裁不同，可分为童话故事、童话诗、童话剧

童话故事是指通过丰富的想象、幻想和夸张的艺术手法编写的适合儿童欣赏的故事。例如，英国作家海伦·班纳曼的《小黑孩桑博》、美国作家麦克洛斯基的《让路给小鸭子》、日本作家新美南吉的《去年的树》、我国作家方轶群的《萝卜回来了》等作品，都是童话故事中的经典。

童话诗，也称诗体童话，是指以诗的形式写就的童话（第三单元已述及），如普希金的《渔夫和金鱼的故事》、马尔夏克的《笨耗子的故事》。

童话剧是指以剧本的形式表现童话故事，不仅以语言形态为媒介，而且通过舞台进行故事讲述，如方园的独幕童话剧《"妙乎"回春》、黎锦晖的《三蝴蝶》《葡萄仙子》、包蕾的《小熊请客》、任德耀的《马兰花》。

学习要点	掌握程度	自我评价
童话的内涵	熟练掌握	☆☆☆☆☆
童话的起源及发展过程	明确理解	☆☆☆☆☆
童话的分类	熟练掌握	☆☆☆☆☆

第二课　童话的艺术特征

　　童话通过丰富的想象、幻想和夸张来塑造形象，反映生活，对儿童进行思想教育。童话之中比较浅近、适合于幼儿听赏的作品就是幼儿童话，它是幼儿最喜爱的一种文学样式。幼儿童话具有一般童话的共性，同时由于幼儿的年龄心理特征，又具有独特的艺术特征。

一、与幼儿心理特点相对应的幼稚性和夸张性的艺术幻想

　　幻想是幼儿童话的基本特征，幼儿童话幻想内容的特殊形态在于它与现实生活中幼儿特殊的心理、特殊的情感和思维方式是相互一致和协调的。幼儿童话特别符合幼儿好幻想的心理特征，幼儿总是把一些非生命的事物或有生命的动植物想象成会说话的、有感情、有知觉的人，希望自己能够摆脱客观现实条件的种种限制，去实现他们在现实生活中无法实现的各种愿望。例如，严文井的《丁丁的一次奇怪旅行》中的丁丁，他极想探究蚁穴的奥秘，在好奇心的强烈吸引下，他戴上蚂蚁的小帽子，进入蚂蚁的王国，实现了自己的愿望；童话《鸟树》，讲的是一个小女孩看见一只小鸟受伤死去了，她将小鸟埋在了院子里，到了第二年春天，埋着小鸟的地方长出来一棵树，树上面结满了鸟蛋，鸟蛋成熟后裂开了，飞出一只只美丽快乐的小鸟……这些童话故事通过幻想的人物和情节表达了幼儿潜藏于内心的美好愿望。在卡洛·科洛迪的童话《木偶奇遇记》中，调皮任性的木偶匹诺曹从学校逃出来后，遇到了很多离奇的事情。最后，匹诺曹被一条大鲨鱼吞进了肚子里，在里面竟然遇见了当初把他雕刻出来的木匠爸爸。当然还有《水孩子》里神秘的水底世界、《彼得·潘》中欢乐的永无岛、《奥兹

国的巫师》里神秘的奥兹国、《查理和巧克力工厂》中神奇的巧克力工厂……这些奇妙、夸张的场景也只能出现在童话的幻想中。

二、童话的表现手法

幼儿童话具有自己不同的文本特点，其艺术幻想主要是通过拟人、夸张、象征、变形、对比、神化等表现手法实现的。

扫一扫，看微课

(一)拟人

在幼儿童话中，拟人就是把人类之外的种种事物人格化，赋予它们人的语言、情感、思维和行为能力。拟人是幼儿童话中使用最多的表现手法，拟人的范围十分广泛，包括动物、植物、非生物、自然现象，以及观念、概念、思想品格等方面，拟人形象也是幼儿童话中最常见的艺术形象。

幼儿之所以喜爱拟人手法，一是因为它契合他们的心理和气质。幼儿活动范围狭小，知识经验不多，他们接触得最多的是人，因而往往以人度物。万物在幼儿眼中总是被涂上了生命的色彩，他们自然希望童话中的种种形象都是活的物体。二是因为拟人能把抽象的事物转化为具体可感的艺术形象，这正符合了幼儿具体形象性思维的特点。例如，孙幼军的《小布头奇遇记》中的小布头，本来是一个不能走路、说话的布娃娃，却变成了一个幼稚、善良并且调皮、任性的小孩子形象；安徒生童话《坚定的小锡兵》中的主人公是一个只有一条腿却依然坚定屹立着的小锡兵。当然也包括我们在幼儿童话中看见的时间老人、风婆婆、春姑娘、月亮姐姐等形象。

运用拟人手法应注意人性与物性的自然结合。拟人童话形象具有独特的风格，既具备人的某些特点，又保留着某些物的属性。首先，人性的塑造是第一位的，否则拟人化形象的存在便没有意义了。例如，《快乐王子》中直面人生、舍己为人的快乐王子，代表着生活中对劳苦大众寄予同情并勇于为之献身的人。正是因为具有了这样动人的人的思想品格，快乐王子的形象才如此光彩照人。其次，忽视物性或无缘无故地违反物性，都会破坏童话应有的情调。例如，鸟兽做"人物"时，说的话要符合它们原来的身份特点。这在安徒生的童话里表现得非常明显，故事中的天鹅、鸭子都可以讲话，植物也可以讲话，但基本上是按照它们原来的生活中的样子来写的，如果违背了这些就不可信了。再如，鸽子原本是在空中飞翔的，你却让它们生活在水中，喜欢游泳；羊是食草动物，你却偏把它们写成专门喝血吃肉的恶魔。一旦违反了它们原来的特性，写出的童话就不真实了。

（二）夸张

夸张是对作品中所描写的现象或性格的某个方面故意给予相当明显的夸大或缩小，更鲜明地强调或揭示描写对象的本质特征，从而使读者更好地把握、理解童话形象。

幼儿童话的夸张是强烈、极度的夸张，是从内容到形式的全面的夸张，无论是人物的刻画，还是环境气氛的描绘、故事情节的发展等，处处可见出奇、大胆的夸张。

夸张的作用在于它可以突出某一事物或某一形象的特征，深刻而又单纯地揭示它们的本质特征，给读者留下鲜明而深刻的印象。

在葛翠琳的《野葡萄》中，有对可爱的白鹅女的外貌的夸张，"皮肤像鹅毛一样白"；有对奇异的野葡萄的夸张，"深红的，像红色的珍珠，长在深山里的"野葡萄是能使失明的人的眼睛复明的妙药；有对情节的夸张，年仅11岁的双目失明的白鹅女毅然到深山中去寻找传说中的野葡萄，她穿过湍急的小河，翻过满是怪石、刺蒺藜的荒山，历尽艰辛终于找到了野葡萄，治好了自己的眼睛，还治好了田边的老农、织机上的老妇、山坡上的小牧童等许多失明的善良人的眼睛。在这种全方位的夸张中，充分展示了白鹅女美丽、善良、坚毅、勇敢的一面。在德国童话《敏豪生奇遇记》中，天晚了，敏豪生想找个地方过夜，但一路找不到村庄，也没有一棵大树可以拴马，后来在雪地里找到一个小木桩，他就把马拴上，自己躺在雪地上睡觉。醒来时，发觉自己睡在一个小镇里，四周是房屋，而他的马却拴在钟楼屋顶的十字架上。作者把雪的厚度和融化速度夸张到了极端的地步，这在生活中根本是不可能的。

另外，郭楚海的童话《杜杜先生的喷嚏》以极度的夸张来表现杜杜先生喷嚏的威力。

杜杜先生感冒了。

感冒的滋味儿可真不好受，可是，杜杜先生还是像往常一样，夹着公文包赶去上班。

路上，杜杜先生开始打起了喷嚏。

"阿嚏——"这里第一个喷嚏。

啊哟，喷嚏的声音响极了，以致一辆停在路边的大卡车都被它震得直翻跟斗！

……

"我……我……阿嚏！"杜杜先生又打了一个喷嚏。

这回，杜杜先生的喷嚏形成一股强大的气流，一下子把司机吹到天上去啦！

……

"阿嚏——"又是一个喷嚏。

这下更不得了啦！一架在天上飞行的直升机，被杜杜先生这响亮的喷嚏声一震，螺旋桨坏了，于是，直升机从天上掉了下来，坠毁了！

杜杜先生只顾着上班，一点儿也没注意到自己打的喷嚏闯下了大祸。

杜杜先生终于来到了公司门口，这时，他再也忍不住了，拼命地打起喷嚏来："阿嚏！阿嚏！阿嚏！"

他的喷嚏还没打完，就听见"轰隆"一声巨响，整座公司的大楼就让他的声音震塌啦！①

总之，夸张手法在幼儿童话中的恰当运用，可以营造出浓烈的童话氛围，使幻化的意境和形象的某些特征更加鲜明突出，从而造就韵味深长的美感、趣感和幽默感。同时能够让幼儿在童话阅读中获得情感的释放，让潜藏于幼儿内心的超自然愿望得以实现。

(三)象征

象征是幼儿童话创作中把幻想与现实融合起来的一种重要方式，也是幼儿童话创造典型的独特手法。幼儿童话中人物形象和故事情节的象征性，是为了表现某种性格或说明某个事理，作者从生活中找出某些人、物、现象，或是某种观念、性质和特征，集中到童话形象上，赋予他们个性，并使之依照这一个性去说话和行动，从而达到象征的目的。可以说，童话既是生活的隐喻，也是生活的象征。比如，阿·托尔斯泰的童话《大萝卜》中的小耗子，就是许多人共同完成某件事时不可忽视的微薄力量的

---

① 郭楚海：《杜杜先生的喷嚏》，http://blog.sina.com.cn/s/blog-5083f1340100rdea.html，2020-06-16。

象征；阿斯特丽德·林格伦《小飞人三部曲》中的卡尔松精神奕奕、活泼勇敢，并且好吃贪玩、爱吹牛、喜欢恶作剧，他的性格特点象征了在现实生活中被压抑的儿童内心世界对自由发展的渴望；怀特的《小老鼠斯图亚特》中的小老鼠具有蓬勃的生命力，象征了勇于做生活的主人、充满信心地迎接生活中的挑战的勇敢少年；周锐的《扣子老三》中的扣子老三的历险故事，象征了人生的沧桑。因此，在幼儿童话中，贴切的象征会使幼儿童话创作获得更高的审美价值。象征形象以它们鲜明的寓意、独特的形象和格调表现了一种更为深远的意蕴，使幼儿童话蕴蓄的内涵更丰富，使童话和现实的关系更为密切。

同时，我们阅读幼儿童话的时候要注意，幼儿童话的象征意义是建立在幻想世界与现实生活的某一特征具有相似之处上的，但两者并不是在任何意义上都贴切相符。幼儿童话中的象征性形象，只能概括某一特征，并不能包括被象征者的全部。我们应从幼儿童话作品所塑造的形象、性格，所叙述的故事情节的全部含义去看这个童话要说明的主旨，看它歌颂什么、讽刺什么、暗示什么、揭露什么，看作者是否抓住了所要象征的某些人和事物的重要特征或性质，看他所采取的象征手法有无积极意义，这样才能正确理解童话的象征意义。

(四) 变形

变形是指有意识地变更所描写的对象的性质、形态，以达到使他们具有最大的表现力的目的。在幼儿童话创作中，作者常常运用幻想、夸张等艺术手段把人形变作其他各种物体，如《格林童话》中的"青蛙王子"因为中了魔法而变成了青蛙；在卡洛·科洛迪的《木偶奇遇记》中，匹诺曹说了谎话鼻子就变长，在"玩儿国"玩了五个月，长出了一对驴耳朵，变成了驴子等。运用变形手法，不仅可以使故事情节发生奇异的转变，还可以营造浓郁的幻想氛围，也更好地寄托寓意。

(五) 对比

对比是指在描写正面事物的同时描写反面事物，把两种截然不同的性格、行为、命运等置于强烈的对比之中，使读者获得深刻的印象。这种在对比中互相衬托、互为渲染的手法，大大强化了幼儿童话的表达效果。对比有通篇对比与局部对比两种，前者如张天翼的《大林和小林》（大林与小林的经历以及性格命运的对比），后者如安徒生的《皇帝的新装》（小孩的率真与周围人物的虚伪的对比）。

（六）神化

童话由神话演变而来，运用神话的艺术手法进行创作，就是神化，即赋予童话形象以超自然的力量。有时是使童话人物成为超人形象，如夏尔·贝洛的童话《仙女》中的主人公仙女时而化身为贫穷的老婆婆，时而装扮为贵妇人，她能使勤劳有礼貌的小妹妹说话时吐出鲜花或宝石，也能使粗暴贪婪的姐姐从嘴里吐出毒蛇或癞蛤蟆。有时则是使童话环境里出现超自然的奇迹，如严文井笔下的"下次开船"港（《"下次开船"港》）：由于"时间"不再存在，那儿没有早晚，没有日子，海水不流，云彩不飘，花苞不放，船只也不能开动，整个生活处于停滞状态，而"时间"一旦回来，港口变得立刻生气勃勃，海潮起伏，云朵飘飞，花儿开放，船上的烟囱冒烟，汽笛鸣响。港口前后的变化，显然是时间之"神"的力量。运用神化手法时，还常常借助于魔法和宝物，如在苏联作家卡塔耶夫的《七色花》中，小姑娘得到了一朵有七片不同色彩花瓣的花，能随心所欲地实现自己的愿望。

幼儿童话的表现手法是多种多样的，除了以上常见的六种表现手法，还有反复法、巧合法、悬念法、烘托法、荒诞法等。这些表现手法在幼儿童话创作中融合到一起，使幼儿童话的情节更加引人入胜，形象更加吸引幼儿，幼儿童话的整个魅力也因此完全展现出来。

三、单纯明快的叙事方式

童话是一种叙事的文体，其中对幻想形象的刻画，对幻想世界的构筑，都是通过所讲述的故事——叙事表现出来的。鉴于幼儿的智力水平和审美特点，幼儿童话的叙事方式，一般都十分简洁、明快和富有趣味，故事中涉及的人物、情节和背景，也都是较为简单的。

幼儿童话中的人物性格，往往是一种单纯的类型化的性格。幼儿童话常常运用夸张和对比手法来突出人物性格中的某一方面，用极度夸张的美和丑的形象使人判别人物的善与恶，使人物一出场，就像贴了标签，极易识别，性格非常鲜明、单一。几乎在每一个童话故事里，都存在明显的善恶（好坏）对立的两极结构，如美和丑、勤劳和懒惰、勇敢和怯懦、诚实和欺骗、正直和自私、骄傲和谦虚等之间的差别。例如，《金斧头》《灰姑娘》，安徒生改写的《大克劳斯和小克劳斯》等童话，都属于这类。这种两极对立反映了在幼儿的思维中非好即坏的判断标准，因为他们还不能理解模棱两可的事物。

因此，幼儿童话的情节，也总是只做单纯的线性展开。情节可以生动有趣，但不要复杂；可以曲折变化，但条理要清楚，枝节不能过多；可以有悬念，但悬念不能太长；可以有矛盾冲突，但结尾要比较圆满。

幼儿童话的背景模糊，环境虚拟。时间、地点的交代往往十分简略，甚至模糊不清，不少幼儿童话沿用古老童话的模式开头，即"从前""有一天""很久很久以前"等。我们来看《狼和七只小羊》的开头。

从前有只老山羊，它生了七只小山羊，并且像所有母亲爱孩子一样爱它们。一天，它要到森林里去取食物，便把七个孩子全叫过来，对它们说："亲爱的孩子们，我要到森林里去一下，你们一定要提防狼……"①

因此，幼儿童话在它千百年的流传过程中，形成了一些固定的叙述方式，如三段式、层递式、循环式、对照式、连环式、连续式等。其中有的具有单纯、明快的特点，常为幼儿童话所采用，这里也做一些介绍。

第一，三段式。将性质相同而具体内容相异的三个或三个以上的事件连在一起，这类似的三件事情可以是一个人做的，也可以是三个人做的。一般情节开展过程是三次，《灰姑娘》中灰姑娘三次逃离舞会；《白雪公主》中皇后三次到森林里加害白雪公主；《小蝌蚪找妈妈》中小蝌蚪误认了三次"妈妈"。另一种是体现在角色设计上，如同时出现三个兄弟、三个新郎、三只动物（《桃太郎》），还有三只熊、三只猪等。

这种叙述方法使故事的人物性格和主题思想得到完整、鲜明地表现，同时结构上的反复还具有整齐的韵律感，让幼儿印象深刻。

第二，循环式，也称循环反复式。故事情节的展开仿佛转了一个圆圈，周而复始，即以某个形象为起点，产生一连串基本相同的情节，从一个形象转到另一个形象，最后又回到起点。在循环的过程中，有反复的因素在内。例如，我国方轶群的《萝卜回来了》，写小白兔在雪底下找到两个萝卜，就想到小猴也很饿，去送给小猴，小猴去送给了小鹿，小鹿送给了小熊，小熊又去送给小白兔。在送萝卜的过程中，不仅情节一次次反复，几个小动物的心理活动也一次次重复。在反复中，互相关心、爱护的主题

____

① ［德］格林：《格林童话故事合集》，路旦俊等译，19页，北京，中国少年儿童出版社，2007。

得到了深化和突出。

第三，对照式。用对照式展开故事情节，通常有以下两种情况。一种是以性格截然相反的人物为中心，在相同环境下，出现不同的遭遇和结局，形成鲜明的对比，用反面人物对照出正面人物，用假、恶、丑对照出真、善、美。例如，在法国贝洛的《仙女》中，妹妹善良、美丽、可爱，姐姐恶毒、傲慢、粗野，因此仙女给她们准备了不同的礼物。另一种对照是前后对照，以同一人物前后不同的表现和遭遇来组织故事情节，从而突出人物性格的变化以及变化的原因。例如，在英国王尔德的《自私的巨人》（又译《巨人的花园》）中讲述的，在春天，巨人的花园里鸟语花香，但那个巨人却很自私，不准孩子们进花园去玩。结果，春天消失了，花园里永远是冬天。后来巨人终于醒悟过来，他欢迎孩子们进来，春天又回到花园里了。当巨人死去的时候，他身上盖满了白花，仿佛是纯洁的孩子向不再自私的巨人表示的敬意。

本课回顾

学习要点	掌握程度	自我评价
幼儿童话的艺术特征	熟练掌握	☆☆☆☆☆

第三课　童话作品阅读与欣赏

幼儿童话按照幼儿的心理特点和需要，通过丰富的幻想、想象和夸张来塑造鲜明的形象，用曲折动人的故事情节和浅显易懂的语言文字来反映社会生活，抑恶扬善，从而达到教育人的目的。作为一名幼儿教师的你，就要以儿童的视角整体解读童话，弄清故事情节，分析人物形象，联系现实生活，领会童话的现实意义。

一、《穿靴子的猫》（[法]夏尔·贝洛）

从前，有一个磨坊主，死的时候给他那三个儿子留下的唯一财产仅仅是一个磨坊、一头驴和一只猫。这点儿遗产很快就被儿子们瓜分一空，既没有公证人也没有律师到场，因为他们一来，肯定就会把这些东西据为己有。

老大拿走了磨坊，老二带走了那头驴，最后只有那只猫留给了老三。老三只分得了这么一丁点儿财产，难免伤心难过，他可怜巴巴地说："我的两个哥哥只要合伙就不难谋生，我呢，只有一只猫，如果我把它吃了，只能用它的皮做个手筒来暖手，最终免不了还得饿死街头。"

这些话都让那只猫听了去，它却假装什么也没有听见，只是一本正经地对他说："我的主人，你用不着垂头丧气，只要你给我一个口袋，再让人给我做一双能在树丛中走动的靴子就行了。你也会发现，你分得的这份财产并不是那么糟糕。"

不管怎么说，这只猫还确实有点表演的天赋和狡猾的心眼。它在捉老鼠的时候，不管是大老鼠，还是小耗子，都逃不出它的手掌心。它总有办法藏在面粉里或是倒挂着装死，只有在老鼠放心大胆地走近它时，它才会突然跃起抓住老鼠。主人对它的所作所为还是有点了解的，所以并没有丧失信心。尽管对猫的话将信将疑，主人还是按照猫说的话将它要的东西准备齐全了。

猫拿到靴子后，马上就穿在了脚上。它将口袋悬挂到脖子上，用爪子将口袋上的绳子勒紧，然后就跑进了一个到处都是兔子的养兔场。它将麸子和生菜叶放进口袋中，四仰八叉地躺在地上装死。它计划着在那里守株待兔，等着某个不谙世事的小兔子前来自投罗网。口袋里的那些东西是用来吸引兔子上钩的。

它刚一躺下去，就有一只不怎么聪明的小兔子钻进了它的口袋，机灵的猫立即收紧绳子，将兔子装在了口袋里。猫很是洋洋自得，带着它的战利品到王宫里求见国王。猫被引领到楼上国王的房间里，只见它卑躬屈膝地对国王说："尊敬的国王陛下，我谨代表卡拉巴司侯爵向您敬献他最珍爱的兔子。"这只猫竟然自作主张地将它的主人封为卡拉巴司侯爵。

国王回答说："告诉你的主人，很感谢他的礼物。我很高兴他能惦记着我。"

还有一次，猫躲在一片麦田里，依旧张开着它的那个大口袋。这次，居然逮着了两只鹌鹑。猫如法炮制，同样以卡拉巴司侯爵的名义将这两只鹌鹑进献给了国王。国王仍旧高高兴兴地收下了这份礼物，还给了猫一点儿赏钱。

猫在两三个月里持续不断地以卡拉巴司侯爵的名义向国王进献不同的礼物，当然这些礼物都是它用相同的手段获得的。

终于有一天，它得知国王将要带着宝贝公主到河边游玩，那个公主可是世上独一无二的大美女。猫对它的主人说："如果你能照着我说的话做，你的好运气就会来了。很简单，你只要脱光了跳到河里我指定的那个地方去洗澡就行了，其他事情由我来安排。"

卡拉巴司侯爵虽然不知道猫的葫芦里到底装的什么药，但他还是照猫说的去做了。

当他跳到河里猫指定的那个地方去洗澡的时候，只听猫扯着嗓子朝国王经过的方向大声呼救："快来人啊！救命啊！卡拉巴司侯爵掉到河里了！"

国王听到呼救声立刻从马车窗户里探出头来，他认出了那只猫，它就是经常去给他送礼物的那只猫，于是，国王让侍卫赶紧去将卡拉巴司侯爵救上岸来。

正当侍卫到河里去救卡拉巴司侯爵的时候，猫立即凑到国王跟前解释说，它的主人遭到抢劫，衣服全被小偷偷走了，尽管它在一边大喊，可是，小偷还是把侯爵扔到了河里。事实上，猫把它主人的衣服藏到了一块大石头下面。国王立刻派他的服装师挑选了一套华丽的服装送给了卡拉巴司侯爵。

国王看到穿上了华丽衣服的侯爵后十分喜爱他，侯爵本来就生得眉清目秀，再加上有这么漂亮的衣服做陪衬，越发显得英俊潇洒，连公主都对他一见倾心了。尤其是在他毕恭毕敬地多看了公主几眼后，公主更是觉着自己爱上了这个年轻俊俏的侯爵。国王见此就邀请侯爵上车，同他们一起乘坐马车游玩。

猫眼见着事情进展得如此顺利，便兴高采烈地急速跑到前面去了。它对路边一些正在割草的农夫说："听着，如果你们不对国王说这片草场属于卡拉巴司侯爵的话，你们就会被剁成肉酱。"

当然，当国王问及这些割草人这是谁的草场时，他们都慑于猫的恐吓，异口同声地说："这是属于卡拉巴司侯爵的草场。"

国王对卡拉巴司称赞道："你的这份家产不错呀！"

"是的，"侯爵回答，"正像您看到的一样，这里年年都获丰收呀！"

他们继续往前走，猫又跑到割麦子的人那里，对他们说："听着，如果你们不对国王说这片麦田属于卡拉巴司侯爵的话，你们就会被剁成肉酱。"

随后，国王的马车便走过来了。他看到麦子的长势喜人，就想知道这块地的主人是谁。正在割麦子的农民又一致回答说是卡拉巴司侯爵的。国王听了十分高兴。

就这样，猫一路在前面走着，所到之处，它全用这样的恐吓让国王认为这一切都属于卡拉巴司侯爵。国王对他的富有不禁惊叹不已。

最后，猫来到一座气派的宫殿前，那里住着一个吃人的魔鬼，他可是这里最富有的人，刚才他们一路经过的那些草场和麦田都是食人魔的地盘。猫还通过刚才那些人仔细了解了谁是食人魔，他有什么本事，等等。现在，猫来到了食人魔的宫殿里，它要求拜见这个食人魔。猫说，既然从他的城堡路过，如果不前来拜访一下，是不礼貌的。于是，食人魔彬彬有礼地接见了猫，还赐座给它。

"我听说，"猫对食人魔说，"您的本事可大了，能将自己变成各种动物，如狮子啊，大象啊，什么的，是真的吗？""当然是真的了！"食人魔很认真地回答，"好吧，为了让你相信，我就变个狮子给你看看。"

当看到食人魔真变成了只狮子站在自己面前时，猫吓坏了，赶忙跳上屋梁。这对猫来说，可是稍稍有点困难和危险，因为那双靴子可不适合做这么高难度的动作，而且还得在房梁上走两步。

不久，食人魔恢复了原形，猫也从房梁上跳了下来，依然表现得非常害怕的样子。

"我还听说，"猫喘着气小声说，"您还能将自己变成个很小很小的动物，像耗子似的。但是我可不相信，您这样的身材怎么能变得那么小呢！"

"什么？不相信？"食人魔大声喊道，"等着瞧吧！"说完，他就变成了只小耗子，还在地板上不停地跑。猫见状一下就扑过去，将耗子吞进了肚里。

就在这时，国王来到了城堡外面。猫听到了马车过吊桥的吱吱声，立即跑出来，笑容可掬地迎接国王："欢迎光临，尊敬的国王陛下，欢迎您到卡拉巴司侯爵的城堡来！"

"什么？"国王看到如此气派的城堡也是侯爵的财产，竟然惊呼起来，

"连这座城堡也是你的呀！这可是我见过的最美丽的庭院和建筑了。我们进去欣赏一下吧！"

侯爵伸手挽扶着年轻美丽的公主，跟随国王一起走进了大厅。里面已经摆好了一桌丰盛的筵席，各种酒馔一应俱全，都是些雕刻精美的金银器皿。原来这些都是食人魔为他的朋友们准备的，可是，他的朋友们见国王在此，谁也没敢进来。

现在，国王也像他的女儿一样，被侯爵的杰出品质所吸引了。国王见公主已经完全沉浸在对卡拉巴司侯爵的爱慕中了，再加上卡拉巴司侯爵又是那么富有，几杯酒下肚后，趁着高兴就对侯爵说："亲爱的侯爵，你是否愿意做我的女婿呢？"侯爵朝国王深深地鞠了一躬，无比荣幸地接受了王国的美意。就在当天，他和公主举行了婚礼。

从此以后，猫也成了大人物，它已经不再去捕捉老鼠了，即便见到它在捉老鼠，也不过是在消遣！（故事内容根据网络资源综合整理。）

【作者介绍】夏尔·贝洛（1628—1703）是法国17世纪的童话作家、文艺理论家。他强调作家的作品要反映当代人的生活和道德观念，在这个思想的指导下，他开始了民间童话的改写工作。在1697年，童话集《鹅妈妈的故事》出版了，这是欧洲出现最早并被广为流传的童话集，被视为幼儿文学的里程碑，标志着西方儿童文学开始向自觉形态发展。《鹅妈妈的故事》收有举世闻名的《小红帽》《睡美人》《穿靴子的猫》等8篇童话以及3篇童话诗。同时，《灰姑娘》《小拇指》《仙女》《蓝胡子》《驴皮》等脍炙人口的作品也是夏尔·贝洛所作。由于违背了封建王朝的正统观念，他受到了宫廷的冷遇，晚年过着隐居生活。

【作品导读】《穿靴子的猫》是一部以"感恩动物"为主题的著名童话，故事情节离奇曲折，语言简洁生动。该篇童话讲了一只聪明的猫如何帮助穷困潦倒的主人获得幸福的故事。虽然作者借助于丰富的想象，但故事却编造得合情合理，一点儿也不显得生硬牵强。同时，故事的结局是美好团圆的，猫凭借自己的智慧和策略让主人获得了大量财富和美好的婚姻。这也嘲讽了当时社会一般阶层人民的愚昧无知和自私贪婪。另外，把上层统治阶级的专制和残暴的嘴脸全部暴露了出来，批判了当时的政治。

二、《打火匣》（［丹麦］安徒生）

大路上有一个兵士在开步走——一，二！一，二！他背着一个行军袋，腰间挂着一把长剑，因为他已经参加过好几次战争，现在要回家去。他在路上碰见一个老巫婆；她是一个非常可憎的人物，她的下嘴唇垂到她的胸上。她说："晚安，兵士！你的剑真好，你的行军袋真大，你真是一个不折不扣的兵士！现在你想要有多少钱就可以有多少钱了。"

"谢谢你，老巫婆！"兵士说。

"你看见那棵大树了吗？"巫婆指着他们旁边的一棵树说，"那里面是空的。如果你爬到它的顶上去，就可以看到一个洞口。你从那儿朝下一溜，就可以深深地钻进树身里去。我要在你腰上系一根绳子，这样，你喊我的时候，便可以把你拉上来。"

"我到树底下去干什么呢？"兵士问。

"取钱啊，"巫婆回答说，"你将会知道，你一钻进树底下去，就会看到一条宽大的走廊。那儿很亮，因为那里点着一百多盏明灯。你会看到三个门，都可以打开，因为钥匙就在门锁里。你走进第一个房间，可以看到当中有一口大箱子，上面坐着一只狗，它的眼睛非常大，像一对茶杯。可是你不要管它！我可以把我的蓝格子布的围裙给你。你把它铺在地上，然后赶快走过去，把那只狗抱起来，放在我的围裙上。然后你把箱子打开，你想要多少钱就取出多少钱。这些钱都是铜铸的。但是，如果你想取得银铸的钱，就得走进第二个房间里去。不过那儿也坐着一只狗，它的眼睛有水车轮那么大。可是你不要去理它。你把它放在我的围裙上，然后把钱取出来。可是，如果你想得到金子铸的钱，你也可以达到目的。你拿得动多少就可以拿多少——假如你到第三个房间里去的话。不过坐在这钱箱上的那只狗的一对眼睛，可有'圆塔'那么大啦。你要知道，它才算得是一只狗啦！可是你一点也不必害怕。你只消把它放在我的围裙上，它就不会伤害你了。你从那个箱子里能够取出多少金子来，就取出多少来吧。"

"这倒很不坏，"兵士说，"不过我拿什么东西来酬谢你呢，老巫婆？我想你不会什么也不要吧。"

"不要，"巫婆说，"我一个铜板也不要。我只要你替我把那个旧打火匣取出来。那是我祖母上次忘掉在那里面的。"

"好吧！请你把绳子系到我腰上吧。"兵士说。

"好吧！"巫婆说，"把我的蓝格子布的围裙拿去吧。"

兵士爬上树，一下子就溜进那个洞口里去了。正如老巫婆说的一样，他现在来到了一条点着一百多盏灯的大走廊里。他打开第一道门，哎呀！果然有一只狗坐在那儿。眼睛有茶杯那么大，直瞪着他。

"你这个好家伙！"兵士说。于是他就把它抱到巫婆的围裙上，然后取出了许多铜板，他的衣袋能装多少就装多少。他把箱子锁好，把狗儿又放到上面，于是他就走进第二个房间里去。哎呀！这儿坐着一只狗，眼睛大得简直像一对水车轮。

"你不应该这样死盯着我，"兵士说，"这样你就会弄坏你的眼睛啦。"他把狗儿抱到老巫婆的围裙上。当他看到箱子里有那么多的银币的时候，他就把他所有的铜板都扔掉，把自己的衣袋和行军袋全装满了银币。随后他就走进第三个房间——乖乖，这可真有点吓人！这儿的一只狗，两只眼睛真的有"圆塔"那么大！在它的脑袋里转动着，简直像轮子！

"晚安！"兵士说。他把手举到帽子边上行了个礼，因为他以前从来没有看见过这样的一只狗。不过，他对它瞧了一会儿以后，心里就想，现在差不多了。他把它抱下来放到地上，于是他就打开箱子。老天爷啊！那里面的金子真够多啊！他可以用这金子把整个哥本哈根买下来，可以把卖糕饼女人所有的糖猪都买下来，也可以把全世界的锡兵啦，马鞭啦，摇动的木马啦，全部都买下来。是的，钱可真是不少——兵士把他衣袋和行军袋里满装着的银币全都倒出来，把金子装进去。是的，他的衣袋、行军袋、帽子和他的皮靴全都装满了，他几乎连走也走不动了。现在他的确有钱了。他把狗儿又放到箱子上去，锁好了门，在树里朝上面喊一声："把我拉上去啊，老巫婆！"

"你取到打火匣没有？"巫婆问。

"我把它忘记得一干二净。"兵士说。于是，他又走下去，把打火匣取来。巫婆把他拉了出来。现在他又站在大路上了。他的衣袋、皮靴、行军袋、帽子，全都盛满了钱。

"你要这打火匣有什么用呢？"兵士问。

"这与你没有什么相干，"巫婆反驳他说，"你已经得到钱，你只消把打火匣交给我就好了。"

"废话！"兵士说，"你要它有什么用，请你马上告诉我。不然我就抽出剑来，把你的头砍掉。"

"我可不能告诉你！"巫婆说。

兵士一下子就把她的头砍掉了。她倒了下来！他把他所有的钱都包在她的围裙里，像一捆东西似的背在背上，然后把那个打火匣放在衣袋里，一直向城里走去。

这是一个很漂亮的城市！他住进一个最好的旅馆里，开了最舒服的房间，叫了他最喜欢的酒菜，因为他现在发财了，有的是钱。替他擦皮靴的那个茶房觉得，像他这样一位有钱的绅士，他的这双皮鞋真是旧得太滑稽了。但是，新的他还来不及买。第二天，他买到了合适的靴子和漂亮的衣服。现在我们的这位兵士成了一个焕然一新的绅士了。大家把城里的一切事情都告诉他，告诉他关于国王的事情，告诉他国王的女儿是一位非常美丽的公主。

"在什么地方可以看到她呢？"兵士问。

"谁也不能见到她，"大家齐声说，"她住在一幢宽大的铜宫里，周围有好几道墙和好几座塔。只有国王本人才能在那儿自由进出，因为从前曾经有过一个预言，说她将会嫁给一个普通的兵士，这可叫国王忍受不了。"

"我倒想看看她呢，"兵士想。不过他得不到许可。

他现在生活得很愉快，常常到戏院里去看戏；到国王的花园里去逛逛；送许多钱给穷苦的人们。这是一种良好的行为，因为他自己早已体会到，没有钱是多么可怕的事！现在他有钱了，有华美的衣服穿，交了很多朋友。这些朋友都说他是一个稀有的人物，一位豪侠之士。这类话使这个兵士听起来非常舒服。不过他每天只是把钱花出去，却赚不进来一个。所以，最后他只剩下两个铜板了。因此他就不得不从那些漂亮房间里搬出来，住到顶层的一间阁楼里去了。他只好自己擦自己的皮鞋，自己用针缝补自己的皮鞋。他的朋友谁也不来看他了，因为走上去要爬很高的梯子。

有一天晚上天很黑。他连一根蜡烛也买不起。这时他忽然记起，自己还有一根蜡烛头装在那个打火匣里——巫婆帮助他到那空树底下取出来的那个打火匣。他把那个打火匣和蜡烛头取出来。当他在火石上擦了一下，火星一冒出来的时候，房门忽然自动开了，他在树底下所看到的那条眼睛有茶杯大的狗儿就在他面前出现了。它说："我的主人，有什么吩咐？"

"这是怎么一回事儿？"兵士说。

"这真是一个滑稽的打火匣。如果我能这样得到我想要的东西才好呢！替我弄几个钱来吧！"他对狗儿说。

于是"嘘"的一声，狗儿就不见了。一会儿，又是"嘘"的一声，狗儿嘴里衔着一大口袋的钱回来了。

现在兵士才知道这是一个多么美妙的打火匣。只要他把它擦一下，那只狗儿就来了，坐在盛有铜钱的箱子上。要是他擦两下，那只有银子的狗儿就来了。要是他擦三下，那只有金子的狗儿就出现了。

现在这个兵士又搬到那几间华美的房间里去住，又穿起漂亮的衣服来了。他所有的朋友马上又认得他了，并且还非常关心他。

有一次他心中想："人们不能去看那位公主，也算是一桩怪事。大家都说她很美，不过，假如她老是独住在有许多塔楼的铜宫里，那有什么意思呢？难道我就不能看她一眼吗？——我的打火匣在什么地方？"他擦出火星，马上"嘘"的一声，那只眼睛像茶杯一样的狗儿就跳出来了。

"现在是半夜了，一点儿也不错，"兵士说。"不过我倒很想看一下那位公主，哪怕一会儿也好。"

狗儿立刻就跑到门外去了。出乎这兵士的意料，它不一会儿就领着公主回来了。她躺在狗的背上，已经睡着了。谁都可以看出她是一个真正的公主，因为她非常好看。这个兵士忍不住要吻她一下……

狗儿又带着公主回去了。但是天亮以后，当国王和王后正在饮茶的时候，公主说她在晚上做了一个很奇怪的梦，梦见一只狗和一个兵士，她自己骑在狗身上，那个兵士吻了她一下。

"这倒是一个很好玩的故事呢！"王后说。

因此，第二天夜里有一个老宫女就得守在公主的床边，来看看这究竟是梦呢，还是什么别的东西。

那个兵士非常想再一次看到这位可爱的公主。所以，狗儿晚上又来了，背起她，飞快地跑走了。那个老宫女立刻穿上套鞋，以同样的速度在后面追赶。当她看到他们跑进一幢大房子里去的时候，她想："我现在可知道这个地方了。"她就在这门上用白粉笔画了一个大"十"字。随后她就回去睡觉了，不久狗儿把公主送回来了。不过，当它看见兵士住的那幢房子的门上画着一个"十"字的时候，它也取来一支粉笔，在城里所有的门上都画了一个"十"字。这件事做得很聪明，因为所有的门上都有了"十"字，那个老宫女就找不到正确的地方了。

早晨，国王、王后、那个老宫女以及所有的官员很早就都来了，要去看看公主所到过的地方。

当国王看到第一个画有"十"字的门的时候，他就说："就在这儿！"

但是王后发现另一个门上也有个"十"字，所以她说："亲爱的丈夫，不是在这儿吗？"

这时大家都齐声说："那儿有一个！那儿有一个！"因为他们无论朝什么地方看，都发现门上画有"十"字。所以，他们觉得如果再找下去，也不会得到什么结果。

不过王后是一个非常聪明的女人。她不光只会坐四轮马车，而且还能做一些别的事情。她取出一把金剪刀，把一块绸子剪成几片，缝了一个很精致的小袋，在袋里装满了很细的荞麦粉。她把这个小袋系在公主的背上。这样布置好了以后，她就在袋子上剪了一个小口，好让公主走过的路上都撒上细粉。

晚间狗儿又来了。它把公主背到背上，带着她跑到兵士那儿去。这个兵士现在非常爱她，他很想成为一位王子，和她结婚。

狗儿完全没有注意到，荞麦粉已经从王宫那儿一直撒到兵士那间屋子的窗上——它就是在这儿背着公主沿着墙爬进去的。早晨，国王和王后已经看得很清楚，知道他们的女儿曾经到什么地方去过。他们把那个兵士抓来，关进牢里去了。

他现在坐在牢里了。嗨，那里面可够黑暗和闷人啦！人们对他说："明天你就要上绞架了。"这句话听起来可真不是好玩的，而且他把打火匣也忘在旅馆里了。第二天早晨，他从小窗的铁栏杆里望见许多人出城来看他上绞架。他听到鼓声，看到兵士们开步走。所有的人都在向外面跑。在这些人中间有一个鞋匠的学徒，他还穿着破围裙和一双拖鞋。他跑得那么快，连他的一双拖鞋也飞走了，撞到一堵墙上。那个兵士就坐在那儿，在铁栏杆后面朝外望。

"喂，你这个鞋匠的小鬼！你不要这么急啊！"兵士对他说，"在我没有到场以前，没有什么好看的啊。不过，假如你跑到我住的那个地方去，把我的打火匣取来，我可以给你四块钱。但是你得使劲地跑一下才行。"这个鞋匠的学徒很想得到那四块钱，所以提起脚就跑，把那个打火匣取来，交给这兵士，然后——唔，我们马上就可以知道事情起了什么变化。

在城外面，一架高大的绞架已经竖起来了。它的周围站着许多兵士和成千上万的老百姓。国王和王后，面对着审判官和全部陪审的人员，坐在一个华丽的王座上面。

那个兵士已经站到梯子上来了。不过，当人们正要把绞索套到他脖子上的时候，他说："一个罪人在接受他的裁判以前，可以有一个无罪的要求，人们应该让他得到满足。"他非常想抽一口烟，而且这可以说是他在这世界上最后抽的一口烟了。对于这要求，国王不愿意说一个"不"字。所以兵士就取出了他的打火匣，擦了几下火。一——二——三！忽然三只狗儿都跳出来了——一只有茶杯那么大的眼睛，一只有水车轮那么大的眼睛，还有一只的眼睛简直有"圆塔"那么大。

"请帮助我，不要叫我被绞死吧！"兵士说。

这时，这三只狗儿就向法官和全体审判的人员扑去，拖着这个人的腿子，咬着那个人的鼻子，把他们扔向空中有好几丈高，他们落下来时都跌成了肉酱。"不准这样对付我！"国王说。不过最大的那只狗儿还是拖住他和他的王后，把他们跟其余的人一起乱扔，所有的兵士都害怕起来，老百姓也都叫起来："小兵，你做咱们的国王吧！你跟那位美丽的公主结婚吧！"

正说着，大家就把这个兵士拥进国王的四轮马车里去了。那三只狗儿就在他面前跳来跳去，同时高呼："万岁！"小孩子用手指吹起口哨来，兵士们敬起礼来。那位公主走出她的铜宫，做了王后，感到非常满意。结婚典礼举行了足足八天。那三只狗儿也上桌子坐了，把眼睛睁得比任何时候都大。[①]

【作者介绍】安徒生（1805—1875）是丹麦作家，被尊为现代童话之父。他以诗意而又幽默的笔调，改变了现代童话的面貌，并开启了创作童话的先河。

安徒生的创作可分早、中、晚三个时期。早期童话多充满绮丽的幻想、乐观的精神，体现现实主义和浪漫主义相结合的特点。代表作有《打火匣》《小意达的花儿》《拇指姑娘》《海的女儿》《野天鹅》《丑小鸭》等。中期童话中幻想成分减少，现实成分相对增加，在鞭挞丑恶、歌颂善良中，表现了对美好生活的执着追求，也流露了缺乏信心的忧郁情绪。代表作有

---

① ［丹麦］安徒生：《安徒生童话》，高洁译，14～23页，成都，四川科学技术出版社，2017。

《卖火柴的小女孩》《影子》《一滴水》《母亲的故事》《演木偶戏的人》等。晚期童话比中期更加面对现实，着力描写底层民众的悲苦命运，揭露社会生活的阴冷、黑暗和人间的不平。作品基调低沉。代表作有《柳树下的梦》《她是一个废物》《单身汉的睡帽》《幸运的贝儿》等。

【作品导读】《打火匣》是安徒生创作初期写的童话。此时，安徒生在创作上蜚声国际，他不再是从前那只备受压抑和打击的丑小鸭了，因此，他的艺术表现呈现出前所未有的飞扬态势。正是在这时节，他产生了创作童话的冲动，并迅速推出了他的第一部童话集，其中包括《打火匣》《小克劳斯和大克劳斯》《豌豆上的公主》《小意达的花儿》四篇。这个集子的诞生在文学史上具有非常重要的意义——一种新的文体诞生了。

《打火匣》带有飞扬的浪漫主义色彩，描写了一个兵士的奇遇，其写作的灵感无疑来自《天方夜谭》中关于阿拉丁的传奇。类似的故事原型潜藏于五花八门的民间故事中，安徒生将它重新叙述出来，赋予了它崭新的意义。这种叙述方式契合了儿童的想象心理，因此《打火匣》立马变成了一个孩子气十足的故事。

在叙事方式上，安徒生采用了一种给孩子讲故事的叙述方式，将即时即兴的表达状态实实在在地书写下来，使读者通过文字感受到讲述者的情绪起伏和语调转换。特别突出的是，安徒生展现出了前所未有的孩童经验，将一切叙述魔术般地化为孩童经验传达出来。例如，故事开头"大路上有一个兵士在开步走——一，二！一，二！他背着一个行军袋，腰间挂着一把长剑，因为他已经参加过好几次战争，现在要回家去"，在这里，没有冗长的铺垫，也看不到严肃的气氛，而是直接进入故事情节，让孩子急迫地想听下去。

需要提到的是，安徒生写故事的本意不是把自己当作孩童，而是以一个诗人的身份让现实与传奇相结合，让诗人特有的抒情和嘲讽与幻想力相结合，创造出具有多重意义的文本。故事中分别描述了兵士有钱和没钱两种状况下，朋友对待他的态度，这些叙述是从儿童视角来观察人情世态的，兵士的生活仿佛就是一场游戏，其中包含的人生哲理虽然是从儿童角度来叙述的，但其实是为了让成人去体味的。

三、《宝葫芦的秘密》(节选)(张天翼)

我出城到了河边。可是没瞧见一个同学。

"他们都哪去了？干吗不等我？这还算是朋友吗!"

后来我又对自己说："这么着倒也好。要是和同学们一块儿钓，要是他们都钓着了许多鱼，我又是一条也没钓上，那可没意思呢。还不如我一个人在这儿的好——正可以练习练习。"

可是这一次成绩还是不好。我一个人坐在河边一棵柳树下。我旁边只有那只小铁桶陪着我，桶里有一只螺蛳——孤零零地躺在那里，斜着个身子，把脑袋伸出壳来张望着，好像希望找上一个伴儿似的。

我不知道这么坐了多久。总而言之，要叫我拎着个空桶回城去，那我可不愿意。顶起码顶起码也得让我钓上一条才好。我老是豁着钓竿。我越钓越来火。

"我就跟你耗上了，哼!"

太阳快要落下去了。河面上闪着金光。时不时泼刺的一声，就皱起一圈圈的水纹，越漾越大，越漾越大，把我的钓丝荡得一上一下地晃动着。这一来鱼儿一定全都给吓跑了。

我嚷起来："是谁跟我捣乱?"

有一个声音回答——好像是青蛙叫，又好像是说话："格咕噜，格咕噜。"

"什么?"

又叫了几声"咕噜，咕噜"——可是再听听，又似乎是说话，好像说："是我，是我。"

"谁呀，你是?"

回答我的仍旧是"格咕噜，格咕噜"。叫了一遍又一遍，渐渐地可就听得出字音来了："宝葫芦……宝葫芦……"

越听越真，越听越真。

"什么!"我把钓竿一扔，跳了起来，"宝葫芦？别是我听错了吧?"

那个声音回答——还是像青蛙叫，又听得出是一句话："没错，没错，你并没听错。"

"怎么，你就是故事里面的那个宝葫芦吗?"

"就是，就是。"——字音越来越清楚了。

我还是不大放心："喂，喂，劳驾!你的的确确就是那个宝葫芦——就是那个那个——b，ao，bǎo；h，u，hú；l，u，lu——听准了没有？——就是那个宝葫芦吗？"

"我的的确确是那个宝葫芦。"回答得再明白也没有。

我摸了摸脑袋。我跳一跳。我捏捏自己的鼻子。我在我自己腮帮子上使劲拧了一把：嗯，疼呢！

"这么看来，我不是做梦了。"

"不是梦，不是梦。"那个声音又来了，好像是我自己的回声似的。

我四面瞧瞧："你在哪儿呢，可是？"

"这儿呢，这儿呢。"

"啊？什么'这儿'？是哪儿呀，到底？"

"在水里。"

哈，我知道了——

"宝葫芦，你还是住在龙宫里吗？"

"唉，现在还兴什么龙宫！"——那声音真的是从河心的水面上发出来的，字音也咬得很准确，不过总不大像是普通人的嗓音就是了，"从前倒兴过，从前我爷爷就在龙宫里待过……"

我忍不住要打断它的话："怎么，你还有爷爷？"

"谁没有爷爷？没有爷爷哪儿来的爸爸？没有爸爸哪儿来的我？"

不错，我想起来了，我想起来了！——

"那么，我奶奶说的那个张三——嗯，是李四……那个李四得到的宝葫芦，大概就是你爷爷了？"

它又咕噜一声，又像是咳嗽，又像是冷笑："什么张三李四！我不认识。他们都是平常人吧？"

我告诉它："那是一个很好玩的故事。说是有一天，李四跑出去……"

"少陪。我对它可没有兴趣。"

这时候河里隐隐地就有个东西漂着，好像被风吹走似的，水面上漾起了一层层锥形的皱纹。

"怎么你就走了，宝葫芦？"

"我可没工夫陪你开故事晚会，"那个声音一面说，一面渐渐小下去了，还仿佛叹了一口气，"其实我是专心专意想来找你，要为你服务。可是你并不需要我……"

哎呀，你们瞧！原来它是专心专意找我来的！我又高兴，又着急。我非叫住它不可！

"回来回来，宝葫芦！"我睁大了眼睛瞧着河里。我等着。

"回来呀！"

河里这才又泼刺一声，好像鱼跳似的。我怎么样盯着看，也看不清水里的是什么东西，因为河面上已经起了一层紫灰色的雾。

可是那个声音——你听，你听！——它回来了："你还有什么指教？"

"你刚才怎么说？我不需要你？谁告诉你的？"

"你既然需要我，你干吗还净说废话，不赶快把我钓起来呢？"

"就来钓就来钓！"我连忙捡起钓竿，仔细瞧着水面上，"你衔上了钓钩没有？衔上了没有？"

"咕噜。"

水面上的钓丝抽动了一下，浮子慢慢地往下沉。我赶紧把钓竿一举，就钓上了一个东西——像有弹性似的蹦到了岸上，还格咕噜一声。

真的是一个葫芦！——湿答答的。满身绿里透黄，像香蕉苹果那样的颜色。并不很大，兜儿里也装得下。要是放在书包里，那外面简直看不出来。

我把它拿到手里。很轻。稍为一晃动，里面就有核儿什么的咕噜咕噜地响——仔细一听，原来是说话："谢谢，谢谢！"

我在心里自问自："怎么，这就是那号鼎鼎大名的宝葫芦吗？这就是使人幸福的那号宝葫芦吗？那号神奇的宝葫芦就是这么一副样儿吗？"

这个葫芦又像青蛙叫，又像是核儿摇晃着响似的，它答话了（原来我心里想的什么，它竟完全知道！）："这你可不用怀疑。你别瞧表面——我跟别的葫芦一个样子，可是里面装的玩意儿，各个葫芦就都不一样。我的确是一个可以使你幸福的葫芦，保你没错儿。我这回好容易才找上了你。你该做我的主人。我愿意听你的使唤，如你的意。"

听听它的话！可说得多亲切！不过我还得问个明白："你为什么谁也不去找，偏偏要找上我呢？你为什么单要让我做你的主人呢？"

"因为你和别人不同，你是一个很好的少年……"

我连忙问："什么？我怎么好法？我哪方面好？你倒说说。"

它说，我在各方面都好。我听得真：它的确是这么说来的。可是我总希望它说得更具体些。可是它——

"那怎么说得出！"

"那怎么说不出？"

"你太好，太好，好得说不出，"它这样咕噜了一声，好像是赞美什么似的，又很诚恳地说："请你相信我：我是挺了解你的。"

"不错。"

"你呢，你也挺爱我。"

"对，对。"

"我知道，你正想要有我这么一号角色来替你服务。我这就来了。"

"那么……那么……"我又惊异，又兴奋，简直有点儿透不过气来，"那我就能……就能……要什么有什么了？"

"当然。我尽我的力量保证。"

哈呀，你们瞧！

我该怎么办呢？我捧着这个自称宝葫芦的葫芦，两只手直哆嗦……这当然是一个宝贝，没有疑问。嗯，我要试试看。可是我一时想不出一个题目。

我该向它要什么呢？我左看看，右看看，就把视线落到了那只小铁桶上。"我要——我要——鱼！"[①]

【作者介绍】张天翼（1906—1985）是非常受孩子们喜欢的儿童文学作家，20世纪20年代末，他先后完成了《秃秃大王》《大林和小林》《奇怪的地方》《宝葫芦的秘密》等童话作品。这些作品多以嘲讽笔调见长，文笔活泼新鲜，风格辛辣，其中《秃秃大王》和《大林和小林》被誉为继叶圣陶《稻草人》之后中国童话史上的第二个里程碑，《宝葫芦的秘密》和严文井的《"下次开船"港》是新中国成立以来我国童话创作中的两项重要收获。

【作品导读】《宝葫芦的秘密》是张天翼童话创作的巅峰之作。这部作品不仅具备了一般童话题材所应有的特点，而且能够紧紧抓住儿童的心理进行透彻分析，并将丰富的幻想和离奇的情节表现得颇具艺术感染力。作为一部带有浪漫梦幻色彩的童话，作品一经问世就受到了儿童读者的喜爱，并因其积极、健康的教育意义，得到了家长、教育工作者和成人读者的热情推崇，成为当时艺术性、思想性高度结合的文学读物。

---

① 张天翼：《宝葫芦的秘密》，8～12页，南宁，接力出版社，2015。

四、《稻草人》(叶圣陶)

田野里白天的风景和情形，有诗人把它写成美妙的诗，有画家把它画成生动的画。到了夜间，诗人喝了酒，有些醉了；画家呢，正在抱着精致的乐器低低地唱：都没有工夫到田野里来。那么，还有谁把田野里夜间的风景和情形告诉人们呢？有，还有，就是稻草人。

基督教里的人说，人是上帝亲手造的。且不问这句话对不对，咱们可以套一句说，稻草人是农人亲手造的。他的骨架子是竹园里的细竹枝，他的肌肉、皮肤是隔年的黄稻草。破竹篮子、残荷叶都可以做他的帽子；帽子下面的脸平板板的，分不清哪里是鼻子，哪里是眼睛。他的手没有手指，却拿着一把破扇子——其实也不能算拿，不过是用线拴住扇柄，挂在手上罢了。他的骨架子长得很，脚底下还有一段，农人把这一段插在田地中间的泥土里，他就整天整夜站在那里了。

稻草人非常尽责。要是拿牛跟他比，牛比他懒惰多了，有时躺在地上，抬起头看天。要是拿狗跟他比，狗比他顽皮多了，狗有时到处乱跑，累得主人四处去找寻。他从来不嫌累，像牛那样躺着看天；也从来不贪玩，像狗那样到处乱跑。他安安静静地看着田地，手里的扇子轻轻摇动，赶走那些飞来的小雀，他们是来吃新结的稻穗的。他不吃饭，也不睡觉，就是坐下歇一歇也不肯，总是直挺挺地站在那里。

这是当然的，田野里夜间的风景和情形，只有稻草人知道得最清楚，也知道得最多。他知道露水怎么样洒在草叶上，露水的味道怎么样香甜；他知道星星怎么样眨眼，月亮怎么样笑；他知道夜间的田野怎么样沉静，花草树木怎么样酣睡；他知道小虫们怎么样你找我、我找你，蝴蝶们怎么样恋爱：总之，夜间的一切他都知道得清清楚楚。

以下就讲讲稻草人在夜间遇见的几件事情。

一个满天星斗的夜里，他看守着田地，手里的扇子轻轻摇动。新出的稻穗一个挨一个，星光射在上面，有些发亮，像顶着一层水珠。有一点儿风，稻穗就沙拉沙拉地响。稻草人看着，心里很高兴。他想，今年的收成一定可以使他的主人——一个可怜的老太太——笑一笑了。她以前哪里笑过呢？八九年前，她的丈夫死了。她想起来就哭，眼睛到现在还红着；而且成了毛病，动不动就流泪。她只有一个儿子，娘儿俩费苦力种这块田，足足有三年，才勉强把她丈夫的丧葬费还清。没想到儿子紧接着得了白喉，也死了。她当时昏过去了，后来就落了个心痛的毛病，常常犯。这回只剩她一个人了，老了，没有气力，还得用力耕种，又挨了三年，总算把儿子的丧葬费也还清了。可是接着两年闹水，稻子都淹了，不是烂了就是发了芽，她的眼泪流得更多了，眼睛受了伤，看东西模糊，稍微远一点儿就看不见。她的脸上满是皱纹，倒像个风干的橘子，哪里会露出笑容来呢！可是今年的稻子长得好，很壮实，雨水又不多，像是能丰收似的。所以稻草人替她高兴。想来到收割的那一天，她看见收的稻穗又大又饱满，这都是她自己的，总算没有白受累，脸上的皱纹一定会散开，露出安慰的满意的笑容吧。如果真有这一笑，在稻草人看来，那就比星星和月亮的笑更可爱、更可贵了，因为他爱他的主人。

稻草人正在想的时候，一个小蛾飞来，是灰褐色的小蛾。他立刻认出那小蛾是稻子的仇敌，也就是主人的仇敌。从他的职务想，从他对主人的感情想，都必须把那小蛾赶跑了才是。于是他手里的扇子摇动起来。可是扇子的风很有限，不能够叫小蛾害怕。那小蛾飞了一会儿，落在一片稻叶上，简直像不觉得稻草人在那里驱逐似的。稻草人见小蛾落下了，心里非常着急。可是他的身子跟树木一样，定在泥土里，想往前移动半步也做不到；扇子尽管扇动，那小蛾却依旧稳稳地歇着。他想到将来田里的情形，想到主人的眼泪和干瘪的脸，又想到主人的命运，心里就像刀割一样。但是那小蛾是歇定了，不管怎么赶，他就是不动。

星星结队归去，一切夜景都隐没的时候，那小蛾才飞走了。稻草人仔细看那片稻叶，果然，叶尖卷起来了，上面留着好些蛾下的子。这使稻草人感到无限惊恐，心想祸事真的来了，越怕越躲不过。可怜的主人，她有的不过是两只模糊的眼睛；要告诉她，使她及早看见这个，才有挽救呢。他这么想着，扇子摇得更勤了。扇子常常碰在身体上，发出啪啪的声音，他不会叫喊，这是唯一的警告主人的法子了。

老妇人到田里来了。她弯着腰，看看田里的水正合适，不必再从河里车水进来。又看看她手种的稻子，全很壮实；摸摸稻穗，沉甸甸的。再看看那稻草人，帽子依旧戴得很正；扇子依旧拿在手里，摇动着，发出啪啪的声音；并且依旧站得很好，直挺挺的，位置没有动，样子也跟以前一模一样。她看一切事情都很好，就走上田岸，预备回家去搓草绳。

稻草人看见主人就要走了，急得不得了，连忙摇动扇子，想靠着这急迫的声音把主人留住。这声音仿佛在说："我的主人，你不要去呀！你不要以为田里的一切事情都很好，天大的祸事已经在田里留下种子了。一旦发作起来，就要不可收拾，那时候，你就要流干了眼泪，揉碎了心；趁着现在赶早扑灭，还来得及。这，就在这一棵上，你看这棵稻子的叶尖呀！"他靠着扇子的声音反复地表示这个警告的意思；可是老妇人哪里懂得，她一步一步地走远了。他急得要命，还在使劲摇动扇子，直到主人的背影都望不见了，他才知道这警告是无效了。

　　除了稻草人以外，没有一个人为稻子发愁。他恨不得一下子跳过去，把那灾害的根苗扑灭了；又恨不得托风带个信，叫主人快快来铲除灾害。他的身体本来是瘦弱的，现在怀着愁闷，更显得憔悴了，连站直的劲儿也不再有了，只是斜着肩，弯着腰，成了个病人的样子。

　　不到几天，在稻田里，蛾下的子变成的肉虫，到处都是了。夜深人静的时候，稻草人听见他们咬嚼稻叶的声音，也看见他们越吃越馋的嘴脸。渐渐地，一大片浓绿的稻全不见了，只剩下光秆儿。他痛心，不忍再看，想到主人今年的辛苦又只能换来眼泪和叹气，禁不住低头哭了。

　　这时候天气很凉了，又是在夜间的田野里，冷风吹得稻草人直打哆嗦，只因为他正在哭，没觉得。忽然传来一个女人的声音："我当是谁呢，原来是你。"他吃了一惊，才觉得身上非常冷。但是有什么法子呢？他为了尽责，而且行动又不由自主，虽然冷，也只好站在那里。他看那个女人，原来是一个渔妇。田地的前面是一条河，那渔妇的船就停在河边，舱里露出一丝微弱的火光。她那时正在把撑起的鱼罾放到河底；鱼罾沉下去，她坐在岸上，等过一会儿把它拉起来。

　　舱里时常传出小孩子咳嗽的声音，又时常传出困乏的、细微的叫"妈"的声音。这使她很焦心，她用力拉罾，总像是不顺手，并且几乎回回是空的。舱里还是有声音，她就向舱里的病孩子说："你好好儿睡吧！等我得着鱼，明天给你煮粥吃。你总是叫我，叫得我心都乱了，怎么能得着鱼呢！"

　　孩子忍不住，还是喊："妈呀，把我渴坏了！给我点儿茶喝！"接着又是一阵咳嗽。

　　"这里哪来的茶！你老实一会儿吧，我的祖宗！"

"我渴死了！"孩子竟大声哭起来。在空旷的夜间的田野里，这哭声显得格外凄惨。

渔妇无可奈何，把拉罾的绳子放下，上了船，进了舱，拿起一个碗，从河里舀了一碗水，转身给病孩子喝。孩子一口气把水喝下去，他实在渴极了。可是碗刚放下，就又咳嗽起来；并且像是更厉害了，后来就只剩下喘气。

渔妇不能多管孩子，又上岸去拉她的罾。好久好久，舱里没有声音了，她的罾也不知又空了几回，才得着一条鲫鱼，有七八寸长。这是头一次收获，她很小心地把鱼从罾里取出来，放在一个木桶里，接着又把罾放下去。这个盛鱼的木桶就在稻草人的脚旁边。

这时候稻草人更加伤心了。他可怜那个病孩子，渴到那样，想要一口茶喝都不成：病到那样，还不能跟母亲一起睡觉。他又可怜那个渔妇，在这寒冷的深夜里打算明天的粥，所以不得不硬着心肠把病孩子扔下不管，他恨不得自己去做柴，给孩子煮茶喝；恨不得自己去做褥，给孩子一些温暖；又恨不得夺下小肉虫的赃物，给渔妇煮粥吃。如果他能走，他一定立刻照着他的心愿做；但是不幸，他的身体跟树木一样，长在泥土里，连半步也不能动。他没有法子，越想越伤心，哭得更痛心了。忽然啪的一声，他吓了一跳，停住哭，看出了什么事情，原来是鲫鱼被扔在木桶里。

这木桶里的水很少，鲫鱼躺在桶底上，只有靠下的一面能够沾一些潮润。鲫鱼很难过，想逃开，就用力向上跳。跳了好几回，都被高高的桶框挡住，依旧掉在桶底上，身体摔得很疼。鲫鱼的一只向上的眼睛看见稻草人，就哀求说："我的朋友，你暂且放下手里的扇子，救救我吧！我离开水里的家，就只有死了。好心的朋友，救救我吧！"

听见鲫鱼这样恳切的哀求，稻草人非常心酸；但是他只能用力摇动自己的头。他的意思是说："请你原谅我，我是个柔弱无能的人哪！我的心不但愿意救你，并且愿意救那个捕你的妇人和她的孩子，还有你、妇人、孩子以外的一切受苦受难的。可是我跟树木一样，定在泥里，连半步也不能自由移动，我怎么能照我的心愿做呢！请你原谅我，我是个柔弱无能的人哪！"

鲫鱼不懂稻草人的意思，只看见他连连摇头，愤怒就像火一般地烧起来了。"这又是什么难事！你竟没有一点儿人心，只是摇头！原来我错了，自己的困难，为什么求别人呢！我应该自己干，想法子，不成，也不过一死罢了，这又算什么！"鲫鱼大声喊着，又用力向上跳，这回用了十二分力，连尾巴和胸鳍的尖端都挺起来。

稻草人见鲫鱼误解了他的意思，又没有方法向鲫鱼说明，心里很悲痛，就一面叹气一面哭。过了一会儿，他抬头看看，渔妇睡着了，一只手还拿着拉罾的绳，这是因为她太累了，虽然想着明天的粥，也终于支持不住了。桶里的鲫鱼呢？跳跃的声音听不见了，尾巴像是还在断断续续地拨动。稻草人想，这一夜是许多痛心的事都凑在一块儿了，真是个悲哀的夜！可是看那些吃稻叶的小强盗，他们高兴得很，吃饱了，正在光秆儿上跳舞呢。稻子的收成算完了，主人的衰老的力量又白费了，世界上还有比这更可怜的吗！

夜更暗了，连星星都显得无光。稻草人忽然觉得由侧面田岸上走来一个黑影，近了，仔细一看，原来是个女人，她穿着肥大的短袄，头发很乱。她站住，望望停在河边的渔船；一转身，向着河岸走去；不多几步，又直挺挺地站在那里。稻草人觉得很奇怪，就留心看着她。

一种非常悲伤的声音从她的嘴里发出来，微弱，断断续续，只有听惯了夜间一切细小声音的稻草人才听得出。那声音是说："我不是一头牛，也不是一口猪，怎么能让你随便卖给人家！我要跑，不能等着你明天把我真卖给人家。你有一点儿钱，不是赌两场输了就是喝几天黄汤花了，管什么！你为什么一定要逼我？……只有死，除了死没路！死了，到地下找我的孩子去吧！"这些话又哪里成话呢，哭得抽抽搭搭的，声音都被搅乱了。

稻草人非常心惊，想着又一件惨痛的事情让他遇见了。她要寻死呢！他着急，想救她，自己也不知道为什么。他又摇起扇子来，想叫醒那个睡得很沉的渔妇。但是办不到，那渔妇跟死的一样，一动也不动。他恨自己，不该像树木一样，定在泥土里，连半步也不能动。见死不救不是罪恶吗？自己就正在犯着这种罪恶。这真是比死还难受的痛苦哇！"天哪，快亮吧！农人们快起来吧！鸟儿快飞去报信吧！风快吹散她寻死的念头吧！"他这样默默地祈祷；可是四围还是黑洞洞的，声音也没有一点点。他心碎了，怕看又不能不看，就胆怯地死盯着站在河边的黑影。

那女人沉默着站了一会儿，身子往前探了几探。稻草人知道可怕的时候到了，手里的扇子拍得更响。可是她并没跳，又直挺挺地站在那里。

又过了好大一会儿，她忽然举起胳膊，身体像倒下一样，向河里面窜去。稻草人看见这样，没等到听见她掉在水里的声音，就昏过去了。

第二天早晨，农人从河岸经过，发现河里有死尸，消息立刻传出去。左近的男男女女都跑来看。嘈杂的人声惊醒了酣睡的渔妇，她看那木桶里的鲫鱼，已经僵僵地死了。她提了木桶走回船舱；病孩子醒了，脸显得更瘦了，咳嗽也更加厉害。那老农妇也随着大家到河边来看：走过自己的稻田，顺便看了一眼。没想到，几天工夫，完了，稻叶稻穗都没有了，只留下直僵僵的光秆儿，她急得跺脚，捶胸，放声大哭。大家跑过来问，劝她，看见稻草人倒在田地中间。[1]

【作者介绍】叶圣陶（1894—1988），名绍钧，江苏苏州人，著名作家、教育家、文学出版家和社会活动家，著有短篇小说集《隔膜》《线下》，长篇小说《倪焕之》等。叶圣陶还是中国现代童话创作的拓荒者，其作品包括《稻草人》《旅行家》《小白船》《古代英雄的石像》《一粒种子》《玫瑰和金鱼》《月亮姑娘的亲事》《含羞草》等。

【作品导读】纵观中国儿童文学发展史，叶圣陶是中国现代儿童文学的开拓者与创建者之一，他创作的中国第一部现代童话集《稻草人》是中国艺术童话成熟的标志，也奠定了他现代童话奠基者的地位。叶圣陶童话的出现不仅结束了中国童话依附于其他体裁而存在的时代，还改变了模仿、改制外国童话的格局。《稻草人》中所构筑的童话世界不仅包含着儿童的乐园，还包含着昏暗的社会，作者用童话故事反映了现实的黑暗。其早期作品主要塑造了芳儿、小女孩等天真儿童的形象，构筑了一个充满"真、善、美"的儿童乐园。而过渡时期的作品却开始揭露社会的黑暗，儿童纯洁的梦境已经破灭，对现实批判的力度逐步加强，早已没有了前期梦幻的色彩，所构筑的童话世界也失去了明净的色调。由此可以看出这时期叶圣陶的作品已经从浪漫抒情的风格转向现实主义的风格，为我国童话指明了现实主义的发展方向。

五、《渔夫和金鱼的故事》（[俄]普希金）

从前有个老头儿和他的老太婆，

---

[1]　叶圣陶：《稻草人》，49～59页，杭州，浙江人民出版社，2017。

住在蓝色的大海边；

他们住在一所破旧的泥棚里，

整整有三十又三年。

老头儿撒网打鱼。

老太婆纺纱结线。

有一次老头儿向大海撒下渔网，

拖上来的只是些水藻。

接着他又撒了一网，

拖上来的是一些海草。

第三次他撒下渔网，

却网到一条鱼儿，

不是一条平常的鱼——是条金鱼。

金鱼竟苦苦哀求起来！

她跟人一样开口讲：

"放了我吧，老爷爷，把我放回海里去吧，

我给你贵重的报酬：

为了赎身，你要什么我都依。"

老头儿吃了一惊，心里有点害怕：

他打鱼打了三十三年，

从来没有听说过鱼会讲话。

他把金鱼放回大海，

还对她说了几句亲切的话：

"金鱼，上帝保佑！

我不要你的报偿，

你游到蓝蓝的大海去吧，

在那里自由自在地游吧。"

老头儿回到老太婆跟前，

告诉她这桩天大的奇事。

"今天我网到一条鱼，

不是平常的鱼，是条金鱼；

这条金鱼会跟我们人一样讲话。
她求我把她放回蓝蓝的大海，
愿用最值钱的东西来赎她自己：
为了赎得自由，我要什么她都依。
我不敢要她的报酬，
就这样把她放回蓝蓝的海里。"
老太婆指着老头儿就骂：
"你这傻瓜，真是个老糊涂！
不敢拿金鱼的报酬！
哪怕要只木盆也好，
我们那只已经破得不成样啦。"

于是老头儿走向蓝色的大海，
看到大海微微起着波澜。
老头儿就对金鱼叫唤，
金鱼向他游过来问道：
"你要什么呀，老爷爷？"
老头儿向她行个礼回答：
"行行好吧，鱼娘娘，
我的老太婆把我大骂一顿，
不让我这老头儿安宁。
她要一只新的木盆，
我们那只已经破得不能再用。"
金鱼回答说："别难受，去吧，上帝保佑你。
你们马上会有一只新木盆。"

老头儿回到老太婆那儿，
老太婆果然有了一只新木盆。
老太婆却骂得更厉害：
"你这傻瓜，真是个老糊涂！
真是个老笨蛋，你只要了只木盆。

木盆能值几个钱？
滚回去，老笨蛋，再到金鱼那儿去，
对她行个礼，向她要座木房子。"

老头儿又走向蓝色的大海
（蔚蓝的大海翻动起来）。
老头儿就对金鱼叫唤，
金鱼向他游过来问道：
"你要什么呀，老爷爷？"
老头儿向她行个礼回答：
"行行好吧，鱼娘娘！
老太婆把我骂得更厉害，
她不让我这老头儿安宁，
唠叨不休的老婆娘要座木房。"
金鱼回答说：
"别难受，去吧，上帝保佑你。
就这样吧，你们就会有一座木房。"

老头儿走向自己的泥棚，
泥棚已变得无影无踪；
他前面是座有敞亮房间的木房，
有砖砌的白色烟囱，
还有橡木板的大门，
老太婆坐在窗口下，
指着丈夫破口大骂：
"你这傻瓜，十十足足的老糊涂！
老混蛋，你只要了座木房！
快滚，去向金鱼行个礼说：
我不愿再做低贱的庄稼婆，
我要做世袭的贵妇人。"
老头儿走向蓝色的大海

（蔚蓝的大海骚动起来）。

老头儿又对金鱼叫唤，

金鱼向他游过来问道：

"你要什么呀，老爷爷？"

老头儿向她行个礼回答：

"行行好吧，鱼娘娘！

老太婆的脾气发得更大，

她不让我这老头儿安宁。

她已经不愿意做庄稼婆，

她要做个世袭的贵妇人。"

金鱼回答说：

"别难受，去吧，上帝保佑你。"

老头儿回到老太婆那儿。

他看到什么呀？一座高大的楼房。

他的老太婆站在台阶上，

穿着名贵的黑貂皮坎肩，

头上戴着锦绣的头饰，

脖子上围满珍珠，

两手戴着嵌宝石的金戒指，

脚上穿了双红皮靴子。

勤劳的奴仆们在她面前站着，

她鞭打他们，揪他们的额发。

老头儿对他的老太婆说：

"您好，高贵的夫人！

想来，这回您的心总该满足了吧。"

老太婆对他大声呵叱，

派他到马棚里去干活。

过了一星期，又过了一星期，

老太婆胡闹得更厉害，

她又打发老头到金鱼那儿去。
"给我滚，去对金鱼行个礼，
说我不愿再做贵妇人，
我要做自由自在的女皇。"
老头儿吓了一跳，恳求说：
"怎么啦，婆娘，你吃了疯药？
你连走路、说话也不像样！
你会惹得全国人笑话。"
老太婆愈加冒火，
她刮了丈夫一记耳光。
"乡巴佬，你敢跟我顶嘴，
跟我这世袭贵妇人争吵？——
快滚到海边去，老实对你说，
你不去，也得押你去。"

老头儿走向海边
（蔚蓝的大海变得阴沉昏暗）。
他又对金鱼叫唤，
金鱼向他游过来问道：
"你要什么呀，老爷爷？"
老头儿向她行个礼回答：
"行行好吧，鱼娘娘，
我的老太婆又在大吵大嚷：
她不愿再做贵妇人，
她要做自由自在的女皇。"
金鱼回答说：
"别难受，去吧，上帝保佑你。
好吧，老太婆就会做上女皇！"

老头儿回到老太婆那里。
怎么，他面前竟是皇家的宫殿，

他的老太婆当了女皇，

正坐在桌边用膳，

大臣贵族侍候她。

给她斟上外国运来的美酒。

她吃着花式的糕点，

周围站着威风凛凛的卫士，

肩上都扛着锋利的斧头。

老头儿一看——吓了一跳！

连忙对老太婆行礼叩头，

说道："您好，威严的女皇！

好啦，这回您的心总该满足了吧。"

老太婆瞧都不瞧他一眼，

吩咐把他赶跑。

大臣贵族一齐奔过来，

抓住老头的脖子往外推。

到了门口，卫士们赶来，

差点用利斧把老头砍倒。

人们都嘲笑他：

"老糊涂，真是活该！

这是给你点儿教训，

往后你得安守本分！"

过了一星期，又过了一星期，

老太婆胡闹得更加不成话。

她派了朝臣去找她的丈夫，

他们找到了老头把他押来。

老太婆对老头儿说：

"滚回去，去对金鱼行个礼。

我不愿再做自由自在的女皇，

我要做海上的女霸王，

让我生活在海洋上，

叫金鱼来侍候我，

叫我随便使唤。"

老头儿不敢顶嘴，

也不敢开口违拗。

于是他跑到蔚蓝色的海边，

看到海上起了昏暗的风暴：

怒涛汹涌澎湃，

不住在奔腾，喧嚷，怒吼。

老头儿对金鱼叫唤，

金鱼向他游过来问道：

"你要什么呀，老爷爷？"

老头儿向她行个礼回答：

"行行好吧，鱼娘娘！

我把这该死的老太婆怎么办？

她已经不愿再做女皇了，

她要做海上的女霸王；

这样，她好生活在汪洋大海，

叫你亲自去侍候她，

听她随便使唤。"

金鱼一句话也不说，

只是尾巴在水里一划，

游到深深的大海里去了。

老头儿在海边久久地等待回答，

可是没有等到，

他只得回去见老太婆——

一看：他前面依旧是那间破泥棚，

她的老太婆坐在门槛上，

她前面还是那只破木盆。[1]

---

① 白冰、罗强烈、胡涯：《中外童话名著金库》，23～26页，海口，三环出版社，1991。

【作者介绍】普希金（1799—1837）是俄国近代文学的开创者。他在抒情诗、叙事诗、诗剧、小说、童话诗等各种体裁的文学创作方面都赢得了世界性的声誉，为俄国文学和世界文学的发展做出了巨大的贡献。在普希金的诗歌创作中，童话诗占有重要的地位。他的童话诗具有浓郁的民间诗歌的特色。早在 1817 年到 1820 年这几年间，普希金便根据民间故事和传说，创作了内容丰富、颇具浪漫主义色彩的长诗《鲁斯兰与柳德米拉》，这首诗轰动了整个俄国诗坛。此后，在 19 世纪 30 年代，除了未完成的童话诗《母熊的故事》，普希金给世人留下了完整而珍贵的五篇童话诗：《神父和他的长工巴尔达的故事》《国王萨尔坦和他那光荣而力大的勇士儿子格维东·萨尔坦诺维奇公爵以及美丽的天鹅公主的故事》《渔夫和金鱼的故事》《死公主和七个勇士的故事》《小金鸡的故事》。

【作品导读】普希金在童话诗创作中打破了贵族文学的传统，用自己的天才在民间童话和民间语言中引入了诗歌创作，对民间童话进行了开创性的改造和提高。《渔夫和金鱼的故事》这首诗思想内容深刻，通过一个骄横、凶狠、贪得无厌的老太婆形象，讽刺了贵族统治阶级的贪心、傲慢、冷酷，告诉大家不劳而获是不可取的。更加需要提到的是，这首童话诗在艺术成就方面也是非常卓越的。《渔夫和金鱼的故事》不仅具有简单的情节、单纯的结构、强烈的对比、多次反复等特点，而且艺术手法得到了发展。一般童话作品只反复三次，这篇作品却反复了五次，它是由五个完美的、情节相似的部分，即五个场面组成的。在这五个场面里，老太婆的骄横、残忍越来越吓人，而老渔夫善良正直的性格越来越显露，从而加深了作品的教育作用。诗的结尾也体现了普希金卓越的艺术才能，他改变了童话诗抽象的、说教的结尾，而是用描绘事实的方式来代替抽象的说教，极富有感染力。

六、《七色花》（[苏联]卡塔耶夫）

有一个小姑娘叫珍妮。有一天，她的妈妈叫她到店里去买面包圈。珍妮买了七个面包圈，把它们串在一起，她一面走着，一面东张西望。就在这时，一只狗紧跟在她后面，吃着一个个面包圈。珍妮觉得手里轻起来，回头一看，啊，已经晚了，狗把最后一个面包圈也吃光了，正得意地舔着嘴唇呢。

"呸！你这馋嘴的狗！"珍妮气得叫着，就在狗后面追起来了。

追着，追着，狗跳过了一个草堆不见了。珍妮也累极了。她停下来一看，这里完全是一个陌生的地方。周围全是树，连一个过路人也没有。珍妮迷路了。她急得哭了起来。忽然，不知道从哪儿走出来一个老婆婆，她很关心地问："小姑娘，你为什么哭呀？"

珍妮就把迷路的事告诉了老婆婆。

老婆婆很可怜珍妮，就说："别哭了，我来帮你忙。我这儿有朵'七色花'，它什么事都能办到。虽然你爱东张西望，但我知道你是个好姑娘，现在我把它送给你吧！"

话刚说完，一朵"七色花"就像小鸟一样飞到了珍妮的手中。啊，这是一朵多么美的花哟！它有七片透明的花瓣，每片花瓣的颜色都不一样，有黄的、红的、蓝的、绿的、橙的、紫的和青的。老婆婆接着又说："这不是一朵平常的花，而是一朵神奇的小花，你想要什么，只要撕下一片小花瓣，把它扔出去，就说：'飞哟飞哟，小花瓣哟，听我说呀，照我做哟！'再说出你要什么，它就会立刻做起来的。"

珍妮刚谢过老婆婆，老婆婆就不见了。

珍妮想起该回家了，可是怎么回家呢？她急得又要哭了。这时，她看到手中的"七色花"，想起了老婆婆的话，连忙撕下一片黄花瓣，把它扔出去，就说："飞哟飞哟，小花瓣哟，听我说呀，照我做哟！让我带着面包圈回家去！"她的话刚说完，珍妮已经提着面包圈到家了。

她把面包圈交给了妈妈，心里想着："这真是一朵神奇的小花，我要把它插到最好看的花瓶里。"

小花瓶是放在书架最高一格上的，珍妮人小，够不着，就站在椅子上，踮起脚，伸出小手去拿，一不小心，"啪啷"一声，小花瓶就打成碎片了。

珍妮打碎了妈妈心爱的小花瓶，怎么办呢？她连忙撕下一片红花瓣，把它扔出去，就说："飞哟飞哟，小花瓣哟，听我说呀，照我做哟！叫小花瓶像原来一样！"她的话刚说完，小花瓶就又好好地放在原来的地方了。

珍妮不敢再拿小花瓶了，就带着"七色花"来到院子里，她看到许多男孩子站在小木板上玩到北极去的游戏。珍妮说："让我也玩玩吧？"

可是男孩子说："我们不带小姑娘到北极去。"

珍妮生气了，说："这有什么稀奇，我马上就能到真正的北极去。"

珍妮走到大门口，从神奇的"七色花"上撕下一片蓝花瓣扔出去，就说："飞哟飞哟，小花瓣哟，听我说呀，照我做哟！让我马上到北极。"她的话刚说完，忽然一阵大风吹来，太阳没有了，变成了黑夜。珍妮穿着夏天的裙子，光着脚，孤零零的一个人到了北极，那里冷极了，到处是冰雪。

"哎呀，好妈妈，我冻死了！"珍妮叫着就哭了起来，可是眼泪马上就成了冰柱。珍妮忙用冻僵的手指，抓起"七色花"。撕下一片绿花瓣，扔出去，大声喊着："飞哟飞哟，小花瓣哟，听我说呀，照我做哟！马上让我回到院子里。"她的话刚说完，就到了院子里了。

她看到院子那边，女孩子在玩各种各样的玩具：有小轿车、大皮球，还有会唱歌的洋娃娃。珍妮越看越喜欢，心想："我要叫她们看一看，到底谁的玩具多。"她从"七色花"上撕了一片橙色的花瓣，扔出去，说："飞哟飞哟，小花瓣哟，听我说呀，照我做哟！叫全世界的玩具都归我吧！"

这下可不得了啦，玩具从四面八方向珍妮拥来。一个个美丽的洋娃娃跑来了，千千万万辆大卡车、小轿车"嘟嘟嘟嘟"地开来了，数不清的花皮球蹦蹦跳跳地赶来了；还有自行车、飞机、坦克、积木……许许多多玩具都来了，把大街、院子、屋子都堆满了，一直堆到屋顶上，可还是堆着、堆着……

"够了！够了！"珍妮吓得抱着头叫了起来。可是，没有用，玩具还在不断地拥来。珍妮连忙撕了一片紫色的花瓣，扔出去，很快地说："飞哟飞哟，小花瓣哟，听我说呀，照我做哟！叫所有的玩具赶快都回去！"于是，所有的玩具立刻都不见了。

珍妮朝"七色花"一看，只剩下一片花瓣了。

"哟，我把六片花瓣都浪费了，连一点儿的快乐都没有得到，多可惜呀！这最后的一片可不能随便乱用了。"

珍妮想着，走到大门口。看到一个小男孩坐在门前的板凳上。他那圆圆的脸上有一双明亮的大眼睛，又和气又好看，珍妮很喜欢他，就走过去问："小朋友，你叫什么名字？""我叫威嘉。你叫什么名字？""我叫珍妮。我们来玩捉迷藏吧？"

威嘉皱着眉头，摇了摇头，说："不行，我的脚有毛病，只能坐着，我真想跑着玩，可是没法子，一辈子就这样了。"

"多可惜啊！"珍妮同情地望着他。

忽然，珍妮想起了那朵神奇的"七色花"。她非常小心地把它从口袋里掏出来，然后把那最后一片青色的小花瓣撕了下来，看了看，又闻了闻，才松开手指，用好听的声音唱起来："飞哟飞哟，小花瓣哟，听我说呀，照我做哟！请你叫威嘉健康起来吧！"

就在那一分钟里，威嘉快活地从板凳上跳了下来，拉着珍妮的手跑起来了。威嘉变得又活泼、又健康，他跑得真快，连珍妮也追不上，他们跑啊，跳啊，玩得可高兴啦！①

【作者介绍】卡塔耶夫(1897—1986)，苏联著名作家。成名作有长篇小说《时间呀，前进！》。他于1925年开始为儿童写作，代表作有童话《小风笛和小瓦罐》《七色花》等，中篇小说《团的儿子》等。

【作品导读】《七色花》是一篇写给幼儿的童话，充满了令人惊奇的幻想。主人公珍妮意外得到一朵神奇的七色花，七个颜色的花瓣可以分别实现七个愿望。在七色花的魔力下，小姑娘珍妮的七个愿望都奇迹般地实现了，非常神奇。该篇童话采用了民间童话中宝物的形式，使整个故事充满了魔幻、荒诞的色彩。六个花瓣实现了六个愿望，但珍妮并不高兴，而最后一个花瓣却令珍妮"幸福得颤抖"，那是因为她帮助男孩获得了健康。这也是作品要表达的更崇高、更伟大的精神境界，让幼儿明白，只有真正帮助了别人，才能获得快乐和幸福。

《七色花》的结构清晰，构思巧妙。故事以七色花为线索，随着珍妮不断地撕下花瓣，故事情节也一步一步奇妙地展开，并逐步深化主题，展现出了一个善良、可爱、好奇的小姑娘形象。

《七色花》的语言生动形象，富有童趣，对珍妮特有的幼儿的稚拙、天真、质朴起了很好的烘托作用。

七、《"小伞兵"和"小刺猬"》(孙幼忱)

秋天，蒲公英妈妈的孩子们都长大了。他们每人头上长着一撮蓬蓬松松的白绒毛，活像一群"小伞兵"。许多小伞兵紧紧地挤在一起，就成了个

---

① 全国幼儿园教材编写组：《幼儿园教材·语言(教师用书)》，239～243页，北京，人民教育出版社，1982。

圆圆的白绒球!

小伞兵有许多好朋友,那就是隔壁苍耳妈妈的孩子——小苍耳。

小苍耳长得真奇怪,身体小小的,像个枣核,全身长满了尖尖的刺。小伞兵亲热地把他们叫作"小刺猬"。

有一天,一个顶小的小伞兵,对一个顶小的小刺猬说:"我妈妈说,我和哥哥们不会老在这儿住下去的。"

"为什么呢?"小刺猬不明白。

"妈妈说,我们必须分散到别处去,藏在泥土里,才会像妈妈那样,长成一棵真正的蒲公英。"

小刺猬听了,想了一想说:"可是,你们怎么到别处去呀?"

小伞兵还没有来得及回答,突然一阵秋风吹来,把小伞兵头上的白绒毛吹得飘呀飘的。白绒球儿一下子散开了,一个个小伞兵就像真的伞兵那样,张着降落伞飞到天上去了。

顶小的小伞兵飞在空中,快乐地大声喊道:"小刺猬,瞧,风伯伯带我们去旅行了!再见,再见!"

好朋友走了,小刺猬真冷清啊!他们也想出去旅行,可是他们没有小伞,不能跟着风伯伯走。

有一天,来了一只小鹿。小鹿轻轻地从苍耳妈妈身边擦过,没想到许多小刺猬就挂在小鹿的毛上了——因为小刺猬身上全是刺呀!

小刺猬好像骑着一匹大马,也快快乐乐地出门旅行去了。

小鹿不停地跑着,跑着。他忽然觉得身上有点儿痒,就靠在一棵树上,轻轻地擦起痒来,擦呀擦的,这个顶小的小刺猬被擦了下来,落在一片草地上。

小刺猬刚想看看这里是个什么好地方,却听见有谁在说:"咦,小刺猬,你怎么也上这儿来啦?"

小刺猬回头一看,哎呀,原来就是那个顶小的小伞兵!小伞兵躺在地上,已经有一半给土埋上了。

看到好朋友,小刺猬真是高兴极了。他连忙回答说:"是小鹿把我带来的……"

小伞兵和小刺猬又在一起了。风伯伯吹起又松又软的土,轻轻地盖在小伞兵和小刺猬的身上。

明年春天，小伞兵和小刺猬就会从泥土里钻出来。

到那个时候，小伞兵就是一棵真正的蒲公英了，像他的妈妈那样，长着有刺的叶子，开着美丽的小黄花。

小刺猬也将是一棵真正的苍耳了，像他的妈妈那样，长着带锯齿的心脏形的叶子，开着绿色的小花。[①]

【作者介绍】孙幼忱（1937—2009），当代儿童文学作家，是著名儿童科普作家，著名童话作家孙幼军之弟。1959年开始发表作品，著有童话集《猴子请客》《时间老人的期待》《五十二个星期天》，中篇小说《小飞船》，自选集《聪明的木娃》，长篇小说《山连着山》，长篇传记文学《擎起我的双拐》等书。

【作品导读】这是一篇幼儿科普童话，作者将知识的问题全都用优美抒情的笔调表达出来。作者通过对蒲公英和苍耳种子迁徙过程的描写，让幼儿理解了两种种子传播的方式和途径，告诉幼儿地球上长着各种不同的植物，每种植物都有自己的生长规律。

作品的文字简洁，充满童趣。在表现手法上，作者运用了拟人、比喻等方法，通俗易懂，引人入胜，做到了科学性、可读性、趣味性的统一。

八、《小溪流的歌》(严文井)

小溪流有一个歌，是永远唱不完的。

一条快活的小溪流哼哼唱唱，不分日夜地向前奔流。山谷里总是不断响着他歌唱的回声。太阳出来了，太阳向着他微笑。月亮出来了，月亮也向着他微笑。在他清亮的眼睛里，世界上所有的东西都像他自己一样新鲜、快乐。他不断向他所遇到的东西打招呼，对他们说："你好，你好！"

小溪流一边奔流，一边玩耍。他一会儿拍拍岸边五颜六色的石卵，一会儿摸摸沙地上才伸出脑袋来的小草。他一会儿让那些漂浮着的小树叶打个转儿，一会儿挠挠那些追赶他的小蝌蚪的痒痒。小树叶不害怕，轻轻转了两个圈儿，就又往前漂。小蝌蚪可有些怕痒，就赶快向岸边游；长了小腿的蝌蚪还学青蛙妈妈慌张地蹬开了腿。

小溪流笑着往前跑。有巨大的石块拦住他的去路，他就轻轻跳跃两

---

① 汤素兰：《中国现当代童话精选》，35～36页，杭州，浙江文艺出版社，2013。

下，一股劲儿冲了下去。什么也阻止不了他奔流。他用清亮的嗓子歌唱，山谷里不断响着的回声也是清脆的，叫人听了就会忘记疲劳和忧愁。

小溪流在狭长的山谷里奔流了很久，后来来到了一个拐弯的地方。那里有一截枯树桩，还有一小片枯黄的草。枯树桩年纪很老，枯黄的草也不年轻。他们天天守在一起，就是发牢骚。他们觉得什么都不合适，什么都没有意思。后来连牢骚也没有新的了，剩下来的只有叹气。他们看着活泼愉快的小溪流奔流过来，觉得很奇怪，就问他：

"喂，小溪流！这么高兴，到哪儿去呀？"

小溪流回答：

"到前面去，自然是到前面去呀！"

枯树桩叹口气说：

"唉，唉！忙什么呀，歇会儿吧！"

枯黄的草也叹口气说：

"唉，唉！累坏了可不是玩儿的，就在这儿待下来吧。这儿虽然不太好，可也还不错。"

小溪流看着他们笑了笑：

"为什么呀？就不！不能够停留！"

一转眼，小溪流就把他们丢在后面了，他又不住地往前奔流。前面出现了村庄。村庄里有水磨等着他去转动。

小溪流就这样不知疲倦地奔流，奔流，渐渐又有些旁的小溪流来同他汇合在一起，小溪流就长大了。

于是，由小溪流长成的一条小河，高声地歌唱着，不分早晚地向前奔流。他精神旺盛，精力饱满，向着两边广阔的原野欢呼。他翻腾起水底沉淀的泥沙，卷起漂浮的枯树枝，激烈地打着回旋。他兴致勃勃地推送着木排，托起沉重的木船向前航行。什么也阻止不住他的前进。前面有石滩阻碍他，他就大声吼叫着冲过去。小河就这样奔流，不断向前奔流。

有一只孤独的乌鸦懒懒地跟着他飞行了一阵。乌鸦看见小河总是这样活跃，这样匆忙，觉得很奇怪，就忍不住问：

"喂，小河！这么忙，到哪儿去呀？"

小河回答：

"到前面去呀。"

乌鸦往下飞，贴近了他，恐吓他说：

"嘿，别高兴！还是考虑考虑吧，前面没有好玩意儿。"

小河没忘记自己原来是小溪流，他笑了一笑：

"为什么？才不听你的咧！就不能停留！"

乌鸦生气了，一下说不出话来，就只叫：

"呀！呀！呀！"

小河很快就把乌鸦丢在后面，又不住地往前奔流。前面出现了水闸，等着他去推动发电机。小河高高兴兴地做了一切他该做的工作。再前面又出现了城市。

小河不知疲倦地奔流，奔流，就这样先先后后又有些旁的小河同他汇集在一起，小河就长大了。

于是，一条大江低声吟唱着，不分时刻地向前奔流。他变得十分强壮，积蓄了巨大无比的能量。他眺望着远远隐在白云里的山峰，以洪亮而低沉的胸音向他们打招呼。他不费力就掀起一阵阵汹涌的波涛，他沉着地举起庞大的轮船，帮助他们迅速航行。他负担着许多，可是他不感觉这是负担。大江就这样奔流，不断向前奔流。

那些被波浪卷起、跟随大江行进的泥沙却感到累了，问：

"喂，大江！老这么跑，到底要往什么地方去呀？"

大江回答：

"还要到前面去呀。"

疲乏得喘不过气的泥沙愤愤地说：

"'前面'，'前面'！哪有那么多'前面'！已经走得差不多了，还是歇口气吧！"

大江的记性很好，他没有忘记自己原来是小溪流，轻轻地笑了笑：

"为什么？不行！不能停留！"

泥沙带着怨恨，偷偷地沉下去了，可是大江还是不住地奔流。许多天就好像一天，许多月就好像一个月，他经过了无数繁荣的城市和无数富足的乡村，为人们做了无数事情，最后终于来到了海口。

大江还是不知道疲倦是怎么一回事，他奔流着，奔流着，永远向着前方。

于是，无边无际的蓝色海洋在欢乐地动荡着。海洋翻腾起白色的泡沫，热烈地向着四方欢唱。他是这样复杂，又是这样单纯；是这样猛烈，又是这样柔和。他一秒钟也不停止自己的运动。

在海底，一只爬满了贝壳的、朽烂得只剩一层发锈的铁壳的沉船，早已不耐烦海洋这无休无止的晃动了，悄悄地问：

"可以休息了吧，可以休息了吧？"

海洋记得住一切，他以和小溪流同样清亮的嗓子回答：

"休息？为什么？那可不成！"

他的无穷尽的波浪就这样一起一伏，没有头，也没有尾。月亮出来了，月亮向着他微笑。太阳出来了，太阳也向着他微笑。海洋感觉到整个世界所有的东西都好像近在他的身边。海洋更加激起了自己的热情。他不断涌起来，向上，向前，向着四面八方。无数圆溜溜的小水珠就跳跃起来，离开了他，一边舞蹈，一边飞向纯洁的天空。

巨大的海洋唱着小小的溪流的歌：

"永远不休息，永远不休息！"

小溪流的歌就是这样无尽无止，他的歌是永远唱不完的。[①]

【作者介绍】严文井（1915—2005），中国作家，原名严文锦。他的早期创作以散文、小说为主，进入 20 世纪 40 年代以后，主要写作儿童文学。其第一部童话集《南南和胡子伯伯》出版于 1941 年。此后又出版了《丁丁的一次奇怪的旅行》《蚯蚓和蜜蜂的故事》《三只骄傲的小猫》等中短篇童话，以及《小溪流的歌》等童话集。其作品故事生动，构思巧妙，富于哲理和诗意，被誉为"一种献给儿童的特殊的诗体"。

【作品导读】《小溪流的歌》具有鲜明的时代特色，但是作者并没有受追求政治宣传的创作目的的影响，其作品具有独特的艺术性。《小溪流的歌》从整体上看就是一首散文诗，作者刻画了一幅充满诗情画意的图景，给幼儿以美的享受。作品中的小溪流是弱小的，但又是奔流不息的，最终汇入大海，巧妙地将生活的哲理蕴含其中，告诉我们人生就像小溪流一样，需要我们坚持不懈、积极进取、努力向前。

---

① 严文井：《严文井童话精选》，1～6 页，杭州，浙江少年儿童出版社，2012。

第四课　童话教学活动指导

　　童话富于幻想、善于夸张等特点，正好满足幼儿充满想象的心理特征，满足其丰富、天真的想象与好奇。因此，在做童话的教学活动设计时，我们需要充分考虑幼儿作为受众的各方面特征，优化教学设计。

一、童话教学注意事项

　　在设计童话教学活动时，应注意以下三个方面。

(一)关注幼儿心理，语言表达幼儿化

　　幼儿童话具有一个非常显著的特征，即语言拟人化，童话里的各种角色，说话做事都具有幼儿的特点。所以，童话的教学必须要充分了解幼儿的典型心理特征。如果不能充分理解幼儿的心理特征，其分析必然肤浅；如果在研究童话教学的过程中，不突出其心理特点，就难以把握教学根本。

　　在讲述童话故事或者对童话作品进行创编时，不管是人物的刻画还是事件的讲述，都应当以简单为原则，可能不需要过于感人，但是语言表达一定要幼儿化。只有当所有的文学要素都能够和接受者即幼儿的心理相吻合时，才能够使其畅通无阻地感受作品的内涵，以此保障教育效果。

(二)提供想象空间，激发幼儿想象与创造

　　幼儿的世界中充满着想象，这种想象在促进幼儿思维能力的健康发展方面具有极为重要的作用。在童话世界中，儿童可以放飞想象，尽情徜徉在幻想的世界里。夸张、虚拟的故事特征能够与儿童富于想象的心理特征相吻合。当他们听到故事中的角色遭遇困难时，迫切渴望知道具体的解决方法和结果。此时教师可以基于提问或者也可以借助引导的方式，激发幼儿的想象，使他们自主思考出解决问题的办法。故事能够为儿童提供广阔的想象空间，只需要教师把握恰当时机，使幼儿能够在听故事的过程中充分发挥个体的想象力以及创造力。

(三)关注幼儿情感，优化童话教学

　　在幼儿欣赏童话时，他们的反应往往既敏感又丰富，他们会随着故事

中角色的情感变化而有不同的反应，能够真实地感受着童话故事带给他们的快乐、悲伤或其他情感。同时，童话本身所具有或诙谐幽默、或惊险刺激、或高兴悲哀的情节，也会激发幼儿情绪的激荡。教师关注幼儿的情感反应并因势利导，将大大提升教学的效果。

总之，在研究幼儿童话教学的过程中，不但要掌握童话的教学方法，同时也应当充分理解童话的内容，这样获得的教学方法才能够具备扎实的根基，才能真正地使幼儿受益，有益于其身心发展。

二、童话教学活动案例

案例1：卖火柴的小女孩

教案供稿：山东省实验幼儿园　郭玉村

【活动目标】

第一，体会卖火柴小女孩的悲惨生活，知道要同情和关心家境贫困的人。

第二，理解故事内容，能有表情地表现角色特征。

【重难点分析】

重点：理解故事内容，知道要同情和关心家境贫困的人。

难点：能有表情地表现角色特征。

【步骤流程】

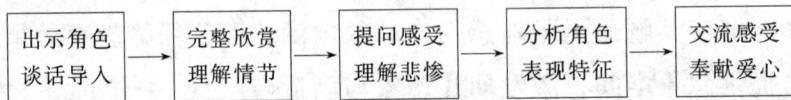

出示角色　→　完整欣赏　→　提问感受　→　分析角色　→　交流感受
谈话导入　　　理解情节　　　理解悲惨　　　表现特征　　　奉献爱心

【活动准备】

多媒体课件；角色图片（卖火柴的小女孩）及相应的表情图片。

【活动过程】

（一）出示角色，谈话导入

课件或挂图演示：在寒冷的冬天里，小女孩赤着一双脚走在街上，手里拿着火柴。

提问：

• 她是谁？（引出角色及故事名称——卖火柴的小女孩。）

• 在冬天里，看到小女孩赤着一双脚走在街上，你们有什么感想？

（二）完整欣赏，理解情节

指导语：著名童话作家安徒生笔下的卖火柴的小女孩，有家难归，在寒冷的街头卖火柴。小女孩会发生怎样的故事，就让我们走进那个风雪交加的大年夜吧。

欣赏故事后提问：如果你是小女孩，你最需要什么？

（三）边提问边欣赏，理解女孩的悲惨生活

小女孩在大冬天手都冻僵了，她是怎么让自己暖和点的？

小女孩擦燃了几根火柴？她擦了一根又一根火柴看到了什么？

小女孩最后怎么样了？

（四）回忆人物对白等，表现角色特征

出示各角色，分析角色表情，并用相应的表情娃娃标注。

模仿表现人物对白及特征明显的表情动作，可以多种形式进行。

（五）交流感受，奉献爱心

读完这个感人的童话，你想对那个可怜的小女孩说什么？

你能为贫困的人们做什么？

【活动延伸】

和爸爸妈妈一起阅读安徒生的其他童话作品。

为贫苦的人们做些力所能及的捐赠活动。

案例2：幸福的大桌子

教案供稿：山东省实验幼儿园　刘万萍

扫一扫，看微课

【活动目标】

第一，感受浓浓的亲情和一家人团聚的美好，萌发关爱老人、尊敬老人的情感。

第二，仔细观察画面，根据故事内容积极思考，较完整地表达自己的想法。

【重难点分析】

重点：感受一家人团聚的美好，体会家庭的温暖。

难点：理解"幸福的大桌子"的寓意，懂得长大了离开家的孩子要"常回家看看"。

【活动准备】

课件《幸福的大桌子》；幼儿和家人团聚的照片和视频；歌曲《常回家看看》。

【活动过程】

（一）导入故事，体验家人在一起的幸福

指导语：今天刘老师带来几张图片，大家一起来看一看。

出示图一，提问：

• 这是哪里？（家里）

• 这是家里的什么地方？（餐厅）

• 这是兔奶奶家吃饭的地方，这是餐厅，她家的餐厅里有个东西特别大，是什么？（桌子）

• 是的，兔奶奶家有一张大桌子。那这个大桌子前可以坐几个人？（一起数一数。）

• 这张大大的桌子上可以坐八个人，那我们一起看看他们家都有谁呢？（点课件，逐个介绍）有兔爷爷、兔老大、兔老二、兔老三、兔姐姐、两个兔妹妹。

• 兔奶奶这一家人可真多，你觉得这个大桌子上会发生哪些事情？（吃饭、唱歌、聊天……）会发生这么多事情啊！兔奶奶的心情怎么样？（开心、高兴、幸福）幸福是什么？（丰富语言）谁还有不同的说法？

小结：是的，兔奶奶也是这么觉得的，他们一家每天围坐在一起有说有笑，热热闹闹的，他们的心情尤其是兔奶奶的心情非常开心，兔奶奶感到很幸福，她给这张大桌子起了个名字叫"幸福的大桌子"。

（二）家人离开，体会兔奶奶的孤独

指导语：后来，兔爷爷去世了，兔奶奶的老伴没有了，他永远地离开了这个家；兔老大长大了，他做了海员，要去世界各地航行，不能经常回来；兔老二做了厨师，他做的饭非常好吃，每天晚上都有好多人排着队去吃他做的饭菜，他很忙，经常不在家；兔老三是音乐家，经常演出回不了家；兔姐姐长大了，生了两个宝宝，她要忙着照顾宝宝，所以也不能常常回来；两个兔妹妹长大了，上大学要住宿，也不能经常回来。

提问：

• 现在家里只有兔奶奶一个人了，那老师想问问，现在兔奶奶心情怎么样？（不开心、孤单）追问为什么孤单，孤单是什么感觉？

• 孩子们，你有没有觉得孤单的时候？（回应幼儿要丰富，没人陪，很孤单）还有吗？谁还想说？

•孤单的时候你最想干什么？（有好吃的，心情很好；有家人的陪伴就很安心；好朋友在身边，就会很快乐。）

•现在的兔奶奶很孤单，这张大桌子只剩下孤单的兔奶奶，这张桌子也就变成了孤单的大桌子，猜猜看，孤单的兔奶奶现在最大的愿望是什么？

（对呀，兔奶奶希望她的孩子都回来，她想和家人在一起，希望这张桌子再变成幸福的大桌子！）

（三）家人团聚，体验幸福

指导语：叮咚，门铃响了，谁回来了？（兔老三）叮咚，还有谁回来了？（兔老二、兔老大）叮咚叮咚，谁还回来了？（兔姐姐和兔宝宝回来了，还有兔妹妹也回来了。）

提问：兔奶奶的孩子们都回来了，现在兔奶奶的心情怎么样？（开心、高兴、幸福……）她为什么高兴？（说得好，兔奶奶想她的孩子，现在回来了，兔奶奶心里可开心了！）

指导语：不仅如此，还有让她高兴的事情呢，快看，是什么？（好吃的）兔老二做了一桌子好吃的饭菜，好美味呀！孩子们，猜猜看，这时候还会有更高兴的事情吗？（唱歌）对呀，当音乐家的兔老三站起来，他唱了一首好听的歌，知道是什么吗？"世上只有妈妈好，有妈的孩子像个宝。"兔奶奶听着听着呀，忍不住流下了眼泪，孩子们，兔奶奶为什么都流泪了呀？

（对呀，孩子们都回来了，兔奶奶是流下了感动的眼泪呀！）

提问：孩子们，现在兔奶奶的心情怎么样？（太好了、太幸福了……）

小结：孩子们都回家了，兔奶奶是惊喜的，吃到好吃的饭菜，兔奶奶是满足的是幸福的，她留下的眼泪，也是幸福的眼泪啊！孩子们你们看，这张桌子又变成了幸福的大桌子！

（四）播放幼儿和家人团聚的照片

1. 展开联想，引出"幸福"

提问：

孩子们，今天我们知道了一个特别美好的词，叫"幸福"，你有幸福的时候吗？你什么时候觉得很幸福？谁来说说？还有不一样的幸福吗？（回应幼儿要有提升。）

2. 欣赏照片，感受"幸福"

（音乐起，放课件）你们都很幸福啊，看看这是谁，他们幸福吗？

提问：

• 这是谁？心情怎么样？你爸爸心情怎么样？你怎么知道的？

• 有爸爸妈妈和妹妹的陪伴，你很幸福！

• 坐在爸爸宽宽的肩膀上看风景，景色很美，你和爸爸的心情也很美！

• 一家人在一起，吃一顿团圆饭，好幸福啊！

• 虽然下雪了，天气很冷，但是心里暖暖的！

• 妈妈劳累了一天，回到家，你和妹妹帮妈妈洗脚，妈妈的心里真美呀！

• 依偎在爸爸宽阔的怀抱里，你和弟弟真幸福！

小结：原来，幸福就在我们每个人的身边呀。

你们知道吗？刘老师每天在幼儿园和你们在一起，我也很幸福，有你们的陪伴，看到你们的成长和进步，刘老师的心情美美的。知道这是谁吗，这个小可爱小点点就是刘老师的孩子，刘老师刚生完宝宝来上班，我一下了班回到家，抱起我的孩子，刘老师的心里真是太幸福了！（刘老师流下的也是幸福的泪花呀！）

3. 播放视频，体会"幸福"

唉！（叹气）看这位奶奶她幸福吗？（放视频。）

提问：

• 奶奶心情怎么样？（孤单、不开心……）

• 她想不想她的孩子？想不想让她的孩子回来？

• 为什么奶奶想让她的孩子回来，却说不用回来了？（因为奶奶太理解自己的儿女了，他们工作忙，老人心疼啊！）

• 其实像这位奶奶一样，有很多孤单的老人，他们也都盼着孩子们回家。

快看，孩子们回来了！（放视频）奶奶的心情怎么样？（开心、幸福……）

小结：对呀，她又和孩子们在一起了，孩子在身边，你看，老人笑得多开心啊。看到了吧，孤单的奶奶其实最盼望着孩子们常回家看看，所以咱们都要常回家看看，这样咱们每个家里都会有一张幸福的大桌子。

（五）升华感情，激发幼儿常回家看看的情感

指导语：孩子们，你们会一天一天长大，那爸爸妈妈呢？也会一天一天地变老，当他们变老，你们长大了，都忙着学习和工作的时候，要怎么样？（常回家看看）我们一定要记得常回家看看哦！（播放歌曲）就像歌里唱的，常回家看看。

孩子们，我们把"常回家看看"告诉更多的人，让每个家庭都有一张幸福的大桌子吧。好了，孩子们，咱们走吧，去告诉其他小朋友吧！

本课回顾

学习要点	掌握程度	自我评价
童话教学注意事项	理解并掌握	☆☆☆☆☆
童话教学案例	理解并应用	☆☆☆☆☆

思考与练习

1. 根据人物形象类型不同，童话可以分为哪几类？

2. 童话创作常常会用到多种表现手法，请你任选三种，结合实例来详细说明。

3. 请利用课余时间阅读欣赏《爱丽丝漫游奇境记》《木偶奇遇记》和《长袜子皮皮》这三部童话作品，并谈谈你的感受。

学习反思

_____

_____

_____

_____

第五单元
寓 言

学习目标

1. 了解寓言的内涵及发展历程。
2. 掌握寓言的特征。
3. 了解寓言与童话的区别。
4. 运用寓言的相关理论来赏析国内外寓言经典作品。

导 语

寓言是一个魔袋，袋子很小，却能从里面取出很多东西来，甚至能取出比袋子大得多的东西。寓言是一个怪物，当它朝你走过来的时候，分明是一个故事，生动活泼；而当它转身要走开的时候，却突然变成了一个哲理，严肃认真。寓言是一座奇特的桥梁，通过它，可以从复杂走向简单，又可以从单纯走向丰富。在这座桥梁上来回走几遍，我们既看到五光十色的生活现象，又发现了生活的内在意义。寓言是一把钥匙，这把钥匙可以打开心灵之门，启发智慧，让思想活跃。

——严文井

第一课　寓言理论

一、寓言的内涵

关于寓言的含义，在历史上中西方文化中也存在不同的认识。

在中国文化中，《经典释文》里说："寓，寄也。以人不信己，故托之他人，十言而九见信也。"这句话指作者不直接出面发表见解，而是假托一个人物来说，这样更有说服力。可见"寓言"在当时并不是特指一种文体，而是指借他人所说的话。1902 年，林纾与严璩、严君潜合译出版了新本《伊索寓言》。1917 年，茅盾整理出版了《中国寓言（初编）》。至此，中国学术界对寓言文体的称谓取得了统一，寓言就是把深刻的道理或教训寄寓在简短故事里的一种文学样式。

在西方文化中，古代寓言原指虚构的故事或描绘性的陈述，现代意义上是指一种以散文体或诗体写成的简短的故事，用以表达某种教训。最早分析寓言的是莱辛的《汉堡剧评》，其中提到，"把一句普通的道德格言引回到一特殊的事件上，把真实性赋予这个特殊事件，用这个事件写一个故事。在这个故事里，大家可以形象地认识出这个普通的道德格言，那么这个虚构的故事便是一则寓言"。寓言家陀逻雪维支称"寓言"为"穿着外套的真理"。法国寓言家拉·封丹也说："一个寓言可分为身体与灵魂两部分，所述的故事好比是身体，所给予人的教训好比是灵魂。"

那么，究竟何为寓言，这应从寓言的自身命题来理解。

寓，寄托之意；寓言，即寓意之言，把深刻的道理和教训寄托在简短的故事里，用简洁凝练的语言，通过一个简单明了的具体事件指出一个教训。

寓言不是专门为儿童创作的，只是因为假设性的虚构故事符合了儿童自身的审美情趣，才被儿童自发地接受，因此后来也就出现了专门为儿童创作的寓言。其中幼儿寓言是寓言的重要组成部分，道理更加浅显易懂，语言、内容更加生动、有趣，适合幼儿听赏。

二、寓言的发展历程

寓言的发展历史悠久，在人类文明发展史上，寓言以简洁而富有深意的故事，储存着人类的智慧，传承着思想的火花，铢积寸累，伴随人类从蒙昧时代一步步地走向现代化。它自古以来就在世界范围内广为流行，最早发源地集中在中国、古印度和古希腊等文化发达、历史悠久的国度和地区，因此中国、古印度和古希腊被世界文坛公认为寓言的三大发祥地。

中国寓言经过漫长的酝酿期，先秦是我国古代寓言产生和蓬勃发展的时期。其中战国时代是寓言创作的黄金时代。当时的寓言作品集中在诸子散文里，目的是阐述不同流派的哲理和为政治主张服务，可称为"哲理寓言"，如《韩非子》中的《守株待兔》《滥竽充数》《自相矛盾》。唐宋时期是我国古代寓言创作的第二个高潮时期。其特点是寓言的讽刺性加强而哲理性减弱，可以称为"讽刺寓言"，以柳宗元、韩愈、苏轼为代表，如柳宗元的《三戒》，主要用来抨击社会不良现象，指斥某类卑鄙人物。同时，随着佛教的兴盛，在佛经翻译中，引进了国外部分寓言。元末明初及明中叶以后，曾掀起两次寓言创作高潮，其特点是冷嘲热讽的笑话成分增多，其中很多寓言可称为"诙谐寓言"。特别是到了清朝，社会走向灭亡，在这最黑暗和专制的时期，大家敢怒不敢言，冷嘲热讽的寓言正当时。

公元前 6 世纪是古希腊也是世界寓言史的光辉时期，它不仅开创了欧洲寓言的先河，而且标志着世界寓言文学的高度繁荣和成熟。现存的《伊索寓言》就是古希腊公元前 6 世纪存留下来的寓言总集，开创了西方寓言的先河，虽然它们归于伊索名下，但是并非全部为其所作。公元前 3 世纪哲学家墨特里俄斯编成第一部散文体《伊索故事集成》，这是古代文献中提到的最早的希腊寓言集，但如今已散失不存。现存最早的希腊寓言集是公元前 2 世纪巴布里乌斯编著的寓言诗集，因为其中大部分是根据流传的伊索寓言改写的，故称《伊索寓言》。

印度的寓言主要包括民间寓言和佛法寓言。编成书的寓言集（包含童话、故事）有《五卷书》《百喻经》《佛本生故事》等。《五卷书》与宗教联系紧密，主要以禽兽为题材，鸟语兽言，后来被改编为适合儿童阅读的读物，它是最早改写为儿童读物的尝试。《五卷书》属古印度梵语文学时期的作品，梵文原本已失传，这些译本也已散失。8 世纪，阿拉伯作家伊本·穆格发将其由巴列维文和叙利亚文译成阿拉伯文，又增加了一些新内容，取名《卡里莱和笛木乃》。印度寓言数量众多，水平高，对世界其他民族寓言故事的发展具有极其深远的影响。

三、寓言的特征

寓言以文本的故事形式寄托深刻的寓意，其文本本身由"故事"和"寓意"两部分构成。"故事"是寓言的表层，由寓言人物、寓言情节和寓言环境构成一个完整的故事；而"寓意"是寓言的深层，是故事所传达出来的具有哲理性的深刻意义，两者在寓言中是相辅相成的关系。寓言主旨的表达方式多样化，这与寓言作品中具体的题材内容、表达方法、艺术效果有紧密的联系，也正好把寓言的文本特征完整地体现出来。

(一)寓意于言的教训性

寓意是寓言的灵魂，故事必须为之服务，讽刺与褒扬并举，内容包括日常学习、交友、政治经验等多方面，分为讽刺型和经验教训型。讽刺型是指通过否定、讽刺反面角色，达到正面说教的目的，如《农夫和蛇》《刻舟求剑》《狼和小羊》等。经验教训型是指从正面经验出发总结智慧，达到启示的目的，如《亡羊补牢》《拔苗助长》。

(二)连类比物的比喻性

寓言的比喻不是修辞方法意义上的比喻，而是文本整体所体现出来的比喻意义，它借助于象征、拟人等多种艺术手法来表现。寓言的比喻一般是把整个故事作为"文本"来暗示、影射、讽喻，从而体现寓旨。如果一个比喻没有通过故事表现出来，那就算不上一个寓言，寓言必须通过故事情节来呈现寓旨。寓言比喻的主要方式有以下两种。

一是采用现实生活中(包括历史史实)某个具体的事件，或根据现实生活对某个事件加以想象、补充，如《滥竽充数》《叶公好龙》。

二是采用拟人化的手段，通常以动物为描写对象，与现实拉开一定的距离，最后又将目标指向现实及现实中的人与事，如克雷洛夫的代表作《狼落狗舍》，作者用狼落狗舍暗喻陷入战争泥淖的拿破仑，用一个老练的猎人来比喻当时领导反击战的俄国将领库图佐夫。在此作者就是运用借此喻彼、借小喻大的手法寓深刻的思想、哲理于形象的故事描写之中的。

(三)犀利幽默的讽刺性

寓言通过犀利的言辞、机智的幽默来实现对人性的弱点、现实的谬误、社会的不合理现象的讽刺和训诫，以其尖锐有力的锋芒给人以深刻的警醒。寓言的讽刺方式主要有以下两种。

一是直接讽刺，通过反面形象的塑造表达教训者的否定态度，如《天鹅、梭子鱼和虾》。

二是以极度夸张的手法制造戏剧性的故事情节和场面，达到讽刺的目的，如《特里什卡的外套》。

天鹅、梭子鱼和虾

[俄]克雷洛夫

一天，梭子鱼、虾和天鹅，出去把一辆小车从大路上拖下来；三个家伙一齐负起沉重的担子。它们用足狠劲，身上青筋根根暴露，但是无论它们怎样拖呀，拉呀，推呀，小车还是在老地方，一码也没有移动。倒不是小车重得动不了，而是另有缘故：天鹅使劲儿往上向天空直提，虾一步步向后倒拖，梭子鱼又朝着池塘拉去。究竟哪个对，哪个错，我不知道，我也不想寻根究底，我只知道小车还是停在老地方。①

【评析】三种动物合伙拉一辆小车却无法使其挪动半步，说明合作的人用心不一致就会把事情弄糟。虽然结尾作者没有直接点明寓意，但要表达的观点和立场很清楚地显现了出来，带有明显的讽刺意味。

特里什卡的外套

[俄]克雷洛夫

特里什卡的那件外套，在臂肘地方破了一个洞，这有什么值得长时间考虑的，他立刻拿起针和线，又把衣袖剪下四分之一，缝补好肘部的破洞，于是又是一件完整的外套了；只不过一只手臂露出了四分之一。可是这又有什么值得担心的？

然而大家一看到特里什卡，都忍不住要发笑。

"我又不是一个傻瓜，"特里什卡说道，"这种毛病是可以补救的：我要使衣袖比原来的还长。"

啊，特里什卡这小子真不简单，他从衣襟下摆截下一段，补上了袖子，于是我们的特里什卡穿了件比无袖外套还要短的外套，心里还得意非凡。②

---

① [俄]克雷洛夫：《克雷洛夫寓言》，吴岩译，123页，南昌，江西人民出版社，1979。

② 王尚义、曹文轩、方卫平：《新语文读本·小学卷6》，84页，南宁，广西教育出版社，2002。

【评析】这则寓言情节荒诞、夸张，但内涵现实，符合寓言的特定文本语境，是围绕现实生活中一些人身上可能出现的可笑行为而开展的合理想象，增强了人物动机与效果之间的不协调感，从而使作品产生了幽默讽刺的效果。

(四)精练简洁的概括性

寓言作者常截取生活中最富代表性的片段加以概括、提炼，将深刻的道理浓缩在一个短小的故事里，甚至三言两语便揭示出要阐明的事理或讽刺对象的本质，而对它的其他特征采取淡化表现的方法，使其体现出精练简洁的概括性特征。主要表现在以下两个方面。

一是题旨鲜明单一。单一的故事情节，简单的人物形象，概括地揭示主旨。寓言不要求作者将复杂的、曲折的情节写进去，也不要求对人物进行过分的、细致的刻画。它的思想集中，主题单一，主旨一望而知。故事总是紧紧地围绕着教训和讽喻展开。一个寓言往往只说明一个哲理。鲜明单一是寓言主题的显著表现。例如，《伊索寓言》中的《老人与死神》，讲的是一个砍柴的老人不能忍受背上的重荷而召唤死神，但当死神应声而至时，他却让死神帮助他把重荷重新压在背上。这则寓言既没交代老人的身世，也没有叙述死神对老人要求的反应，情节、结构清楚简单，但主旨却是一望而知：即便人生充满苦恼，而死亡却更为不幸。

二是语言简约而犀利、尖锐而明快，具有一针见血、一矢中的之效。捷克斯洛伐克作家卡雷尔·恰彼克的那些以独白形式出现的小寓言写得非常简练短小。他写的《狼与山羊》只有 35 个字："让我们在节约的基础上签订一项协定——我不吃你的草，而你要自愿地把你的肉供给我。"《狼》仅有20 个字："如果没有人猎取我们狼的话，世界上就有了和平。"而《蛆虫》仅用了 4 个字："战争万岁！"

狮子和狐狸

[古希腊]伊索

狐狸讥笑母狮每胎只生一子。母狮回答说："然而是狮子！"这故事是说：美好的东西在质不在量。[①]

【评析】人们珍视事物内在品质的道理仅以几句话就简洁、智慧而传神

---

① [古希腊]伊索：《〈伊索寓言〉古希腊诗歌散文选》，罗念生译，278 页，上海，上海人民出版社，2016。

地体现了出来。

歪头看戏

金江

一个歪头的人去看戏，戏看完后，人家问他："戏做得怎样？"

他说："戏做得不错，只是戏台搭得不正。"

人家说："咦！我们怎么没看出戏台是歪的？恐怕毛病还是在你自己身上吧！"①

【评析】用精练、简洁之笔形象而概括地揭示了题旨：以自己的主观经验推断客观现象，遇到问题不从自身探究根源而是寻找多种借口。

本课回顾

学习要点	掌握程度	自我评价
寓言的内涵	熟练掌握	☆☆☆☆☆
寓言的发展历程	明确理解	☆☆☆☆☆
寓言的特征	理解并掌握	☆☆☆☆☆

第二课　寓言与童话的区别

寓言和童话这两种文体都来自民间，受到神话、传说的直接影响，在长期的发展演变过程中互相渗透、互相借鉴、互相融合，从内容到形式都形成了某种交叉，具有不少相近之处。首先，在艺术假定的运用上，都通过幻想来设置虚拟的故事情节，具有较强的幻想色彩，如童话《狼和七只小羊》、寓言《狼和小羊》。其次，童话和寓言运用的艺术表现手法相同，都广泛地采用比喻、拟人、象征、夸张等表现手法来表情达意，讲述故事，如童话《拇指姑娘》（拟人、夸张、象征手法合用）、寓言《狐假虎威》（拟人、夸张、象征手法合用）。因此，相似性我们不能忽视，然而寓言和童话在长时期发展中逐渐形成了自己独有的文本特点，成为两个独立的文学样式，差异性也是显而易见的。这主要表现在以下五个方面。

---

① 王尚义、曹文轩、方卫平：《新语文读本·小学卷6》，81页，南宁，广西教育出版社，2002。

一、主题设置上的重心不同

寓言重说理，诸要素都是以说理为核心而铺设的，且寓意有现实针对性，直接切入现实；童话超"理"而存，重在以想象性的故事表现精神性的梦想与游戏般的狂欢，营建童年的家园，它对现实生活的折光反射是间接的。

二、虚构、幻想的思维方式不同

寓言着眼于从现实事物与虚构事物中找到共同点，其虚构与幻想的展开限于理性逻辑的框架，主要是为了表达人们对生活的看法，或者对某种社会现象的讽刺和嘲笑，或者对某种谬误的指正和告诫。童话的幻想根植于现实又超越于现实，在真中求幻、幻中求真，形成真幻结合、似真似幻、富有奇幻色彩的童话意境。

三、文本构造不同

寓言情节单一，叙述语言简洁凝练，人物形象鲜明而单一，个性不一定丰满，但具有很强的现实概括性，体现出抽象化和符号化的特点。童话情节曲折丰富，结构复杂多变，注重细节的描写和童话角色的性格刻画，其人物形象相对来说更具典型性和多样性。

四、读者对象不同

寓言从诞生起就把成人作为它的读者对象，其中一些幽默、有趣、新奇的寓言才被纳入儿童文学中。童话则是专门为儿童创作的叙事性文本，是具有浓厚幻想色彩的虚构的故事作品。

五、篇幅长短不同

寓言的篇幅短小，结构单一，是叙事性文学作品中最简短的一种。寓言中的人物形象不细致刻画，情节不展开，没有曲折的描写、详尽的叙述和烦琐的议论。寓言语言精练简洁、优美智慧、明快，概括性极强。童话则故事结构完整，篇幅较长，情节神奇曲折。

学习要点	掌握程度	自我评价
寓言与童话的区别	明确理解	☆☆☆☆☆

第三课　寓言作品阅读与欣赏

　　寓言，就是通过具体形象的小故事，让人明白其中的道理。篇幅虽短小，却蕴含着深刻的道理。我们阅读寓言的时候，要注意以下几点。首先，要解读故事，要着眼于趣味性来选择寓言作品，分析喻体和寓意的关系，真正读懂故事。其次，要联系现实，从生活的普遍现象入手，由浅入深、由表及里地挖掘故事蕴含的深意。最后，学习寓言形象、生动、恰当的比喻，精练的语言，高度的概括性及多种艺术表达手段，从而提高自己的表达能力。

一、《伊索寓言》两则([古希腊]伊索)

狼和小羊

　　狼来到小溪边，看见小羊正在那儿喝水。狼非常想吃小羊，就故意找碴儿，说："你把我喝的水弄脏了！你安的什么心？"

　　小羊吃了一惊，温和地问："我怎么会把您喝的水弄脏呢？您站在上游，水是从您那儿流到我这儿来的，不是从我这儿流到您那儿去的。"

　　狼气冲冲地说："就算这样吧，你总是个坏家伙！我听说，去年你在背地里说我的坏话！"

　　可怜的小羊喊道："啊，亲爱的狼先生，那是不会有的事，去年我还没有生下来哪！"

　　狼不想再争辩了，龇着牙，逼近小羊，大声嚷道："你这个小坏蛋！说我坏话的不是你就是你爸爸，反正都一样。"说着就往小羊身上扑去。①

---

　　①　张映川：《小学语文寓言讲析》，77页，重庆，西南师范大学出版社，1989。

狐狸和葡萄

一个炎热的夏日，狐狸走过一个果园，他停在一大串熟透而多汁的葡萄前。

狐狸想："我正口渴呢。"于是他后退了几步，向前一冲，跳起来，却无法够到葡萄。

狐狸后退又试。一次，两次，三次，但是都没有得到葡萄。

狐狸试了一次又一次，都没有成功。最后，他决定放弃，他昂起头，边走边说："葡萄还没有成熟，我敢肯定它是酸的。"①

【作者介绍】伊索（公元前620—前560），是公元前6世纪古希腊的一个寓言家，生活在小亚细亚，是弗里吉亚人。据希罗多德记载，他原是萨摩斯岛雅德蒙家的奴隶，后来被德尔菲人杀害。

【作品导读】《狼和小羊》《狐狸和葡萄》均出自《伊索寓言》。《伊索寓言》主要反映的是下层平民和奴隶的思想感情，总结了他们丰富的斗争经验和生活教训。其中大多数是动物故事，以动物为喻，教人处世和做人的道理；少部分以人或神为主，形式短小精悍，比喻恰当，形象生动，通常在结尾以一句话画龙点睛地揭示蕴含的道理。它们篇幅小但寓意深刻，语言不多却值得回味。《狐狸和葡萄》主要是客观叙述，只是在最后以一句自白或感悟话语画龙点睛。艺术上普遍地运用拟人化的手法，使各种动物、植物以及非生物人格化，像人一样思考，它们的言谈和行动形象地再现了现实生活。《狼和小羊》表达的寓意是，对于那些存心作恶的人，任何正当的辩解都不起作用。《狐狸和葡萄》表达的寓意是，有些人能力小，做不成事，就借口说时机未成熟。

二、《知了和蚂蚁》（［法］拉·封丹）

> 整个夏天
> 知了都在歌唱。
> 当秋风来到时，
> 她深深感到缺粮的恐慌。
> 她没有储存任何一点

---

① 高淑英：《小学生看图作文大全》，150～151页，长春，吉林出版集团有限责任公司，2014。

苍蝇和虫子。

这样她就来到邻居蚂蚁家,

叫苦去了。

她请求借给她

一点儿食粮,

能勉强维持到明年春季到来的时光。

"我会还你的,"她对她说,

"在八月之前,连本带利,

就凭我的信誉。"

但是蚂蚁不肯出借东西,

这是她较小的缺点而已。

"天热的时候你在干吗?"

她对这位借贷者这样说。

"你别见怪,夜以继日,

不论遇见谁,我都向他们歌唱。"

"啊,你一直在唱歌?我太高兴了,

好吧,那你现在就跳舞吧!"①

【作者介绍】拉·封丹(1621—1695)是法国古典文学的代表作家之一,是著名的寓言诗人,他的作品被后人整理为《拉·封丹寓言》。《拉·封丹寓言》与古希腊著名寓言诗人伊索的《伊索寓言》及俄国著名作家克雷洛夫所著的《克雷洛夫寓言》并称为世界三大寓言。主要著作有《寓言诗》《故事诗》《普叙赫和库比德的爱情》等。他被 19 世纪法国著名文学评论家泰纳誉为"法国的荷马"。

【作品导读】这首《知了和蚂蚁》是 17 世纪法国作家拉·封丹写的一首著名的寓言诗,在西方几乎成了儿童的启蒙诗。这首寓言诗篇幅短小,语言凝练,通过拟人的手法,把知了和蚂蚁的形象刻画得栩栩如生。从诗中我们可以感受到:这首寓言诗写得真是智慧,对话也充满了灵趣,读起来令人愉悦。我们可以想象蚂蚁的伶俐机智,也可以想象知了的尴尬。这篇寓言的寓意是很清楚的,一边赞扬蚂蚁的务实与勤劳,一边讽刺知了的轻

---

① 朱雯、江曾培:《世界文学金库 2:寓言卷》,759~760 页,上海,上海文艺出版社,1994。

佻与怠惰，从而告诫人们要实实在在地生活，千万不能虚度光阴，到头来一事无成。

三、《四重奏》（[俄]克雷洛夫）

淘气的小猴子、毛儿纠缠不清的山羊、驴子和笨手笨脚的熊，准备来一个伟大的四重奏。它们搞到了乐谱、中提琴、小提琴和两只大提琴，就坐在一棵菩提树下的草地上，想用它们的艺术来风靡全世界。它们咿咿呀呀地拉着琴，乱糟糟的一阵吵闹，天哪，不晓得是什么名堂！

"停奏吧，兄弟们，等一下，"小猴子说道，"像这样是奏不好的，你们连位子也没有坐对！大熊，你奏的是大提琴，该坐在中提琴的对面。第一把提琴呢，该坐在第二把提琴的对面。这样一来，你瞧着吧，我们就能奏出截然不同的音乐，叫山岭和树林都喜欢得跳起舞来。"

它们调动了位置，重新演奏起来，然而怎么也演奏不好。

"嗨，停一停，"驴子说道，"我可找到窍门了！我相信坐成一排就好了。"

它们按照驴子的办法，坐成一排。可是管用吗？不管用。不但不管用，而且杂乱得一塌糊涂了。于是它们关于怎样坐以及为什么这样坐的问题，争吵得更加厉害。

吵闹的声音，招来了一只夜莺。大家就向它请教演奏的窍门。

"请你耐心教导我们，"它们说，"我们正在搞一个四重奏，一点儿也搞不出名堂。我们有乐谱，有乐器，只要你告诉我们怎样坐法就行了！"

"要把四重奏搞得得心应手，你们必须懂得演奏的技术，"夜莺答道，"光知道怎样坐是不够的。再说呢，我的朋友们，你们的听觉也太不高明了。换个坐法也罢，换个提琴也罢，说到底你们是不配搞室内音乐的。"①

【作者介绍】克雷洛夫（1769—1844），与伊索、拉·封丹齐名，是世界著名三大寓言作家之一。他先后写了多篇寓言，且全部以诗体写成，结为9集出版。别林斯基评说："克雷洛夫创造了俄罗斯的寓言。"

【作品导读】克雷洛夫寓言是世界文学宝库中的瑰宝，他以最简练的文字、最生动的形象，对生活动态、人生世相进行了最浓缩、最紧凑的概

---

① ［俄］克雷洛夫：《克雷洛夫寓言》，谭旭东编译，107～108 页，北京，北京燕山出版社，2014。

括。他把各种动物的自然本性与人类的各种不同类型、不同性格有机地结合在一起，成功地刻画了众多人物的性格，还借助一个个动物形象，讽喻了社会的黑暗，揭露了统治者的恶行。

《四重奏》是克雷洛夫寓言中很有代表性的一篇作品，它结构简单、语言活泼、寓意深刻。作者用拟人的手法、喜剧的笔调辛辣地讽刺了那些"眼高手低""志大才疏"之徒。据说这篇作品是针对沙皇的显贵大臣和国会的，作者认为这些无能之徒无论怎样组合，也治理不好国家，因而，它具有强烈的政治意义。这个寓言还蕴含着更为深刻的哲理：要做好一件事，主观和客观两个方面的条件都是缺一不可的。主观与客观的完美统一意味着成功，否则必然导致失败。

四、《买椟还珠》(韩非子)

春秋时代，楚国有一个商人，专门卖珠宝的，有一次他到郑国去兜售珠宝，为了能让珠宝畅销，特地用名贵的木材造成许多小盒子，并把盒子雕刻装饰得非常精致美观，使盒子会发出一种香味，然后把珠宝装在盒子里面。有一个郑国人，看见装珠宝的盒子既精致又美观，问明了价钱后，就买了一个，打开盒子，把里面的宝物拿出来，退还给珠宝商。[①]

【作者介绍】韩非子(约公元前280—前233)，战国末期著名思想家，法家代表人物，被尊称为韩非子或韩子。韩非子是韩王(战国末期韩国君主)之子，荀子的学生，战国末期法家思想的集大成者。《韩非子》一书中有不少寓言，如《滥竽充数》《买椟还珠》《自相矛盾》《郑人买履》《守株待兔》等。

【作品导读】《韩非子》中，最富有文学色彩和文学价值的，就是寓言故事，这些生动的寓言故事，蕴含着深刻的哲理，凭着思想性和艺术性的完美结合，给人们以智慧的启迪，具有较高的文学价值。这些寓言，大都语言生动而富有智慧，可谓我国古代寓言文学中的佼佼者。《买椟还珠》以愚人为题材，是韩非子自创。这些愚人形象给寓言带来了以下两方面的意味。一是傻味、愚拙味。这样的"傻"并不是蠢，而是不开窍，他们经常会做些似违常又非违常的事情来，因而这种傻味、愚拙味在寓言形象上实际

---

① 黎娜：《国学典故》，364～365页，昆明，云南人民出版社，2013。

就是一种审美的趣味，它既让人在寓言中认识真理，又给人带来可笑的、愉悦的感受。二是利用这类人物形象的"傻"来组织寓言的情节，展示道德教训。

五、《乌鸦兄弟》(金江)

乌鸦兄弟俩同住在一个窠里。

有一天，窠破了一个洞。

大乌鸦想："老二会去修的。"

小乌鸦想："老大会去修的。"

结果谁也没有去修。后来洞越来越大了。

大乌鸦想："这一下老二一定会去修了，难道窠这样破了，它还能住吗？"

小乌鸦想："这一下老大一定会去修了，难道窠这样破了，它还能住吗？"

结果又是谁也没有去修。

一直到了严寒的冬天，西北风呼呼地刮着，大雪纷纷地飘落。乌鸦兄弟俩都蜷缩在破窠里，哆嗦地叫着："冷啊！冷啊！"

大乌鸦想："这样冷的天气，老二一定耐不住，它会去修了。"

小乌鸦想："这样冷的天气，老大还耐得住吗？它一定会去修了。"

可是谁也没有动手，只是把身子蜷缩得更紧些。

风越刮越凶，雪越下越大。

结果，窠被吹到地上，两只乌鸦都冻僵了。[1]

【作者介绍】金江(1923—2014)，原名金振汉，浙江温州人。中华人民共和国成立后，他开始搞儿童文学创作，专攻寓言，至今先后出版《小鹰试飞》《乌鸦兄弟》《寓言百篇》《老虎伤风》等著作。1992年中国寓言文学研究会、浙江省作家协会和温州市文联联合在温州举行"金江寓言研讨会"，一致肯定了他对我国寓言文学事业的重大贡献，称他为"中国当代寓言的开篇人"。

【作者导读】作者非常熟悉儿童心理，在《乌鸦兄弟》中，运用拟人的手

---

① 李玲：《中国寓言》，501页，西安，陕西人民教育出版社，1999。

法，把深刻的寓意寄托在有趣的故事里；用凝练的文字，勾勒了乌鸦兄弟艺术形象。同时还采用民间创作中常用的反复手法，把乌鸦兄弟自私、偷懒、相互推诿、毫无责任感的性格特点形象生动地描述了出来，增强了艺术效果，给读者留下了深刻的印象，使读者很容易联系到日常生活中的人和事。

思考与练习

1. 结合教材中提到的童话作品，论述童话中三种形象类型的艺术特色。

2. 请根据幼儿童话的有关理论，对童话《七色花》的艺术特征（含题材、情节、表现手法、叙事方式等）进行分析。

3. 寓言和童话之间有哪些联系和区别？

4. 请阅读教材中提到的童话篇目，选择一篇自己感兴趣的童话，模仿幼儿园的场景，进行仿真模拟训练，要求体现出情境性、儿童性、趣味性、故事性、幻想性等特点。

5. 用为幼儿讲故事的方式来讲述教材中提到的寓言故事，讨论这些寓言故事的寓意。

学习反思

_____

_____

_____

_____

第六单元
幼儿故事

学习目标

1. 了解幼儿故事的概念、特征和功能。

2. 领会幼儿故事创编的基本方法，并能进行幼儿故事的创编。

3. 学会幼儿故事教学活动的设计。

导 语

幼儿故事是幼儿接触最多的文学样式之一，它以独特的文学魅力吸引着幼儿。在幼儿园语言教育活动中，幼儿故事最为常见。作为幼儿园教师，应具备阅读、理解、鉴赏和创编幼儿故事的能力。

第一课　幼儿故事理论

一、幼儿故事的概念

故事作为一种文学体裁，侧重于叙述事件的过程，讲述真实的或者虚构的事情。它强调情节的生动性和连贯性，富有吸引力和感染性。而幼儿故事指的是适合幼儿聆听或者阅读的故事。它是幼儿接触最早的、最多的文学样式。幼儿故事有广义和狭义之分，广义的幼儿故事泛指神话、童话、寓言等体裁的文学作品；狭义的幼儿故事是指适合幼儿听赏的各类篇幅短小、情节生动、富有吸引力的叙事性文学作品。

幼儿故事与神话、传说等叙事文学有共同特点，如叙述比较客观，情节性强。但幼儿故事与其他叙事文学又有明显的区别。

幼儿故事以生活中的普通人为主要对象，以幼儿熟悉的生活场景为主要环境，以反映幼儿的现实生活为主，如《瓜瓜吃瓜》。神话是原始人用幻想的形式讲述对自然和社会的认识，其中的人物形象大都是神或半人半神，如《后羿射日》。传说则是指人们搜集、整理或者口头创作的与一定历史人物、历史事件、地方古迹、自然风貌、社会风俗有关的传奇故事，如《大禹治水》。童话作品曾经长期归属在故事名下，两者混用。五四时期，"童话"一词从国外引入后，其特征被细致界定，专指"带有浓厚幻想色彩"的故事，如《拔萝卜》。寓言是用短小的篇幅和虚构的故事来总结教训、说明道理，如《掩耳盗铃》。

二、幼儿故事的特征

幼儿故事除具有幼儿文学一般的文体特点和美学特征之外，还具有自己独有的特征。

(一)主题鲜明

在幼儿文学各种体裁样式中，幼儿故事最受幼儿欢迎。幼儿故事反映的场景和事件都是幼儿熟悉的，反映的问题也是幼儿自身需要解决的，可以选择的素材很多，针对性和教育性也很强。因此，幼儿故事题材很广泛，主题很鲜明，有很强的针对性，幼儿听了之后很容易理解真、善、美与假、恶、丑。例如，任哥舒的《珍珍唱歌》，告诉幼儿大胆、大方地展示自己很重要。杨金光的《大家一起吃》，教育幼儿要有合作意识。

(二)情节简单、生动

故事主要靠引人入胜的情节吸引读者，对于幼儿故事来说，情节更为重要。由于幼儿的注意力持续时间较短，平淡无味的故事情节很难吸引他们，所以幼儿故事的情节可读性一定要强。同时，幼儿的思维特点，要求幼儿故事的情节要完整、生动，线索单一，层次分明，避免头绪纷繁。例如，任霞苓的《一亮一暗的灯》，写的是几个孩子胆小怕黑的一桩趣事。开端是小晴自己在家等爸爸妈妈回来，天黑了，她心里害怕，想到门口去等，这时却发现小阁楼里的灯一亮一暗的，于是她要"瞧瞧去"。可是小晴刚跨上楼梯，就听到一阵"悉悉窣窣——扑托"的声音，她觉得有个怪东西朝自己扑来，吓得转身就逃。这时，小晴喊来住在对门的兰兰，她俩走到楼梯跟前，又听到那"悉悉窣窣"的声音，而且"扑托"一声，小阁楼里的灯暗了。她俩吓得转身往外逃，又找来男孩虎娃。听小晴和兰兰说"那是个怪东西"，在楼梯上跨了几步的虎娃也害怕起来了。终于，三个孩子"并排儿，手拉着手"，嘴里数着楼梯级数一步一步跨上楼梯。这时，谜底揭开了：原来是小晴家的小花猫在桌子上玩电灯线。"它咬住电灯的拉线开关'扑托'，跳了一下，灯暗了；'扑托'，再跳一下，灯又亮了。"[1]这个故事的情节生动，一个悬念接着一个悬念，一波三折，能够吸引幼儿听下去。

(三)语言浅显、朴素

幼儿故事语言整体风格较为简洁、朴素，但不失活泼、生动，这符合幼儿的理解能力和欣赏水平。一方面，幼儿的理解力有限，这就要求语言必须通俗易懂，浅显明了。例如，胡木仁的《佳佳迟到了》，故事用简洁明快的语言，简述了佳佳迟到却受到了表扬的事，形象地写出了幼儿爱听表扬的天性。另一方面，幼儿接受故事的途径是听赏，这就要求故事在语言上悦耳动听，节奏明快。因此幼儿故事的语言常用叠词、拟声词等词语；多用短句，句式简单；多用反复、排比、拟人等手法。例如，郭瑛瑛的《我和爸爸的第一次》，叙述语言出现"噔噔噔噔""咣当""扑通""哎呀呀"等

---

① 任霞苓：《小萝卜老头——任霞苓幼儿文学作品选》，5页，杭州，浙江少年儿童出版社，1996。

拟声词，描绘出了"我"和爸爸之间的一次"秘密"活动。

三、幼儿故事的类型

幼儿故事的种类很多，根据不同的分类方法可以划分出不同的种类。从创作过程分，有民间故事和创作故事；从表现形式分，有文字故事、图画故事、影视故事；从题材内容分，有历史故事、动物故事、生活故事等。

以下介绍几种典型的故事类型。

(一)幼儿民间故事

从广义上讲，民间故事就是劳动人民创作并传播的、具有虚构内容的散文形式的口头文学作品，是所有民间散文作品的通称。从远古时代起，民间故事就通过人们口头流传，题材广泛而又充满幻想。民间故事从生活本身出发，但又并不局限于实际情况以及人们认为真实的和合理范围之内的事情。它们往往包含着超自然的、异想天开的成分。情节夸张、充满幻想，多采用象征形式。包括神话传说、传奇故事、生活故事、幻想故事、动物故事、生活故事、民间寓言等，如《田螺姑娘》《三个商人买三条猫腿》《三个公主的故事》《狼来了》《鲁班学艺》《负荆请罪》《鲤鱼跳龙门》《孟母三迁》《愚公移山》。

(二)幼儿历史故事

幼儿历史故事要以一定史料为依据，适当地进行提炼加工，既要尊重史实，不随意虚构，又要尽可能生动有趣，浅显易懂，适合幼儿听赏，它是历史和文学相结合的产物。这些历史故事可以分为两类：一类是历史事件故事，它以历史真实事件为基础进行创作，侧重于故事的情节性，如《田忌赛马》《太平天国的故事》等；另一类是历史人物故事，它以历史真实人物为主人公，让幼儿了解和学习历史人物身上的美好品德，如《铁杵磨成针》《曹冲称象》等。

(三)幼儿动物故事

在幼儿故事作品中，动物题材占有较大比例。动物故事是以动物为主人公的故事，通过拟人手法使动物具有人的特点，所表现的场景是幼儿熟知的、现实的场景。

动物故事大都基于人类对一些动物的观察与了解，加上自己的想象，对它们的起源、习性、外部特征等进行生动有趣的解释和描绘。这类故事有的是纯粹用想象来解释动物的某些现象，如动物故事《为什么兔子的尾巴很短》《十二生肖的故事》；有的也借助动物及其相互关系，间接地反映人类生活，体现人们对真、善、美与假、恶、丑的观点，如《哇！这是袋鼠的孩子》《楼上和楼下》。

(四)幼儿生活故事

幼儿生活故事是以现实的幼儿为主要人物，以写实手法反映幼儿在家庭、学校、社会各方面的生活、活动的故事。现在通常所说的幼儿故事，主要就是指幼儿生活故事。这类故事受到幼儿的喜爱，因为在幼儿看来，故事仿佛是在讲他们自己和身边发生的事情。幼儿生活故事用贴近幼儿生活的故事让幼儿认识自己，适应社会，"润物细无声"地传达真、善、美，如《谁勇敢》《六个娃娃七个坑》《云端掉下一只烤鸡》等。

四、幼儿故事的功能

幼儿文学的功能是指幼儿通过对作品的听赏、阅读、理解、接受，在精神上感到愉悦，在思想感情上培养积极的情绪。

(一)认知功能

幼儿年龄较小，以形象思维为主，需要借助具体的事物来认识和理解事情，因此故事是一种有效的认识世界的方式。幼儿故事能帮助幼儿了解自我、认识现实社会、增加生活经验、丰富情感、增长知识、启迪心智等。对于幼儿来讲，幼儿故事的认知价值是独到的，不仅使幼儿拓展认知领域、提高认知能力，还能给他们留下生动而难忘的记忆。例如，幼儿通过阅读《火帽子变成了火跑跑》(载于《幼儿画刊》2013年)，可以了解一些生活常识和技能，知道不能空腹吃香蕉；通过阅读《谁勇敢》，就会明白什么是真正的勇敢。

(二)教育功能

文学本身具有教育的功能，幼儿故事旨在帮助幼儿健康成长，使幼儿在听赏故事的过程中，潜移默化地受到思想、品德方面的启发和教育。

幼儿故事的教育功能是以认知功能为基础的。当幼儿从幼儿故事作品中获得某种认知之后，必然在一定程度上产生情感、情绪的变化，即由认知而动情，再由动情而移性，在不知不觉中，性格情操得到陶冶，思想感情得到净化，道德行为得到规范。因为幼儿故事的作家在反映社会生活的时候，绝不是纯客观的反映，他所创造的艺术形象，必然包含着他对生活的评价、对真理的追求，包含着他的爱和憎。幼儿故事的作家不仅为幼儿描绘了一幅幅真实的生活画面，还让幼儿懂得了纷繁复杂的生活中真、善、美与假、恶、丑的区别。例如，幼儿阅读《我是大嘴花》(载于《幼儿画刊》2013 年)，懂得人不能选择自己的长相，但是可以通过努力让自己的本领更强，赢得别人的尊重。

(三)愉悦功能

文学作为审美意识形态有审美愉悦性，文学作品能够使读者沉迷于它所创造的艺术形象和境界中，感到审美的愉悦、情绪的感染和精神的熏陶。幼儿故事作品也是如此，愉悦感对幼儿来说更为重要。别林斯基曾呼唤"给他们快乐，而不是沉闷；给他们故事，而不是说教"。例如，幼儿生活故事《瓜瓜种瓜》，作者通过瓜瓜种瓜等各种细节，塑造了天真可爱、盼望瓜苗长大的瓜瓜的形象。这个故事洋溢着浓浓的童趣，让幼儿在笑声中受到启发。

由此可见，幼儿文学的娱乐功能绝非只是逗乐凑趣，而是作家所开掘的内涵丰富的幼儿生活的情趣和意蕴的物化形式，是作家通过艺术创造给幼儿以欢乐，并使他们在欢乐中感悟人生。

本课回顾

学习要点	掌握程度	自我评价
幼儿故事的概念	熟练掌握	☆☆☆☆☆
幼儿故事的特征	明确理解	☆☆☆☆☆
幼儿故事的类型	理解并掌握	☆☆☆☆☆
幼儿故事的功能	理解并掌握	☆☆☆☆☆

第二课 幼儿故事阅读与欣赏

幼儿故事深受幼儿喜爱，它有着鲜明的主题、生动的情节和趣味性的生活场景，适合于幼儿听赏。作为幼儿教师，要学会阅读、鉴赏故事，并能声情并茂地讲述故事。

慌慌张张的玛莎

[苏联]勒·伏隆柯娃

从前有个小女孩，名字叫玛莎。有一天，早晨的阳光已从窗口射了进来，她还睡在床上不起来。

妈妈走进来说："玛莎，起来吧！玛莎，穿衣服吧！瞧太阳那么高了，快上幼儿园去吧，时间到了。"

玛莎醒来，睁开眼睛望望窗外说："不，不起来；我还要多躺一会儿。"

妈妈又喊："玛莎，起来！玛莎，穿衣服！"

玛莎没有办法，只好起来。先穿鞋子。玛莎一看——袜子不见了，在哪里？我的袜子在哪里？什么地方都找遍了：凳子上没有，凳子下也没有，床上没有，床下也没有……

玛莎找袜子，到处找不到。小猫蹲在凳子上咪呜咪呜地唱："找呀，找呀，找不到，找到就好出去了；东西都要收拾好，就用不着到处找。"

小麻雀在窗口跟玛莎开玩笑："迟到了，玛莎，慌慌张张的玛莎！"

但玛莎还在找袜子：凳子上没有，凳子下也没有……噢，袜子在这儿呀——在床上洋娃娃的旁边！

妈妈问："玛莎，好了吗？"

玛莎答："我在穿袜子，我在穿袜子。"

玛莎朝床底下一瞧，那儿只有一只鞋子，还有一只，不见了！床下没有，床上也没有，橱子后面没有，橱子下面也没有……

小猫走来走去，老是咪呜咪呜地唱："找呀，找呀，找不到，找到就好出去了；东西都要收拾好，就用不着到处找！"

小公鸡来到窗口唱："迟到了，玛莎！慌慌张张的玛莎！"

玛莎求求小公鸡："小公鸡，小公鸡，请你帮我找鞋子。"

公鸡找来找去，找遍院子，找不到鞋子，原来鞋子在桌子上。

妈妈问："玛莎，好了没有？"

玛莎答："我穿好衣服，就出去了。"

可是衣服哪里也找不到！

"我穿什么出去呀？衣服不见了，我那有豌豆点的衣服，放在哪儿呢？凳子上没有，凳子下也没有……"

小猫老是咪呜咪呜地唱："找来找去——找不到——找不到，没衣服穿，走不出去真糟糕……"

"东西都要收拾好，就用不着到处找……迟到了，玛莎！慌慌张张的玛莎！"

这时候，玛莎看见她的衣服了，她高兴地叫起来："豌豆点的衣服原来放在搁板上面。"

妈妈说："我不能再等你了！"

玛莎说："我来了，来了。"

玛莎急急忙忙上幼儿园去。幼儿园里的孩子们已经吃好早餐出来散步了。他们看见玛莎都喊起来："迟到了，玛莎！慌慌张张的玛莎！"[①]

【作者介绍】勒·伏隆柯娃（1906—1976），出生于莫斯科，苏联当代优秀儿童文学作家。1929年，伏隆柯娃开始为《少先队员》月刊撰稿。1930年，她在杂志上发表了第一篇特写，从此开始了写作生涯。而真正使她名声大噪的是故事《慌慌张张的玛莎》。卫国战争期间，以卫国战争为题材写的一部成功小说是《从城里来的小姑娘》。在严峻的战争年代，这部小说印了15万册，赢得了广泛的赞誉。战后，伏隆柯娃为幼儿写了《一个星期》等作品，其中描绘了富有诗情画意的农村生活画面。伏隆柯娃为少年写的中篇小说有《孙子万尼亚》和《云彩下面的花园》，这两部书在苏联劳动教育题材征文竞赛中荣获一等奖。伏隆柯娃一生孜孜不倦地创作，两次荣获劳动红旗勋章。她认为，儿童作品应当像有趣的儿童游戏一样引人入胜、充满诗意，闪耀着智慧的光芒。她始终遵循这一创作原则，著有《大晴天》《上学去》等作品，这些都是学前儿童和低幼学童喜爱的读物。

【作品导读】《慌慌张张的玛莎》是一个来自幼儿生活的小故事，描写了一个慌慌张张、拖拖拉拉的小姑娘玛莎的形象。玛莎像镜子一样反映了现实社会生活中很多幼儿的行为，从反面让幼儿懂得做事要有序、有条理，物归原处，保持环境整洁能给生活带来方便的道理，并教育幼儿养成良好的生活习惯。

作者善于观察幼儿，选取了幼儿日常生活中比较典型的行为加以构思，有很强的现实针对性，主题鲜明。这个故事短小精悍，情节处理得很

---

① 王丹丹、吕银才：《幼儿文学作品选》，199～200页，天津，南开大学出版社，2014。

简单也很生动。整个故事就一条线索，即玛莎找东西，先找袜子，后找鞋子，又找衣服，最后慌慌张张迟到了。其实这个故事的最后还可以延伸，即玛莎到幼儿园后会发生什么事情，或者玛莎以后早上还会不会这样。这都给幼儿留下了想象的空间。妈妈每次的问话推动了故事的发展，中间穿插着小猫、小麻雀、小公鸡的打趣，让整个慌乱的画面充满诙谐之风，具有幼儿生活情趣。

虽是翻译的作品，但是译后的语言符合幼儿的理解能力和欣赏水平，通俗易懂，浅显明了。故事用简洁明快的语言讲述了玛莎早上的慌乱，句式重复，短句居多，以对话为主，句式简单。

第三课　幼儿故事的创作与改编

幼儿故事的听赏对象是幼儿，要符合幼儿的年龄、心理、情感特征。因此，幼儿故事的创作和改编在选材、主题、形象、情节等方面都有特殊的要求。

一、幼儿故事的创作

(一)主题要有意义

幼儿故事要从幼儿生活中取材，用敏锐的眼光去观察周围的世界，反映幼儿的生活，凸显幼儿的性格、思想、兴趣、行为。在日常生活中，作者要仔细观察，用心体验，发现幼儿生活中的优缺点、趣闻趣事、奇思妙想，用动物或者人物故事的形式将其表现出来。这就要求作者了解幼儿，抓住幼儿生活中的点滴小事和不经意的小细节，提炼出有意义的主题，引导幼儿走向真、善、美。例如，《东东西西打电话》写家庭装电话给幼儿带来的新鲜感；《画妈妈》写小花想妈妈，这是每个孩子身上都会发生的事情；《善良的小珞嘉》写出了孩子的善良天性；《拉拉钩》揭示父母因打牌输钱而吵架的社会矛盾，这些作品均令人耳目一新。

(二)形象要鲜明

由于幼儿的思维、心理和情感特点特殊，以具象感知为主，因此幼儿故事中的动物或者人物形象要鲜明，性格要单一。在幼儿故事中，生活故事中的人物形象以幼儿为主，民间故事和历史故事中的人物形象有成人也有幼儿，动物故事的人物形象是小动物。不论什么形象，都要通过生动的情节和活泼有趣的语言刻画出来。例如，《勤快的冬冬》刻画了一个要让妈妈知道自己勤快的孩子。故事里的冬冬"骨碌"下床，"拿"起笤帚，"端"来水，擦桌子、浇花，由于用力过猛，弄得满屋灰尘，自己也成了一副小猴脸。

(三)情节要生动

幼儿故事的情节要生动有趣，这样才能吸引幼儿。在构思情节时，要用一些技巧，以使情节更加精巧、吸引人；要善于设置悬念。设置悬念就是在情节发展的过程中，设置一个个谜团，使幼儿急切想知道谜底，带着好奇心听赏到底。例如，《六个娃娃七个坑》围绕找"失踪"的孩子这一线索展开，巧设悬念，情节跌宕起伏，扣人心弦，幼儿能理解又被深深吸引。但悬念不宜太多、太复杂，否则就丧失了故事本身的意义。

(四)关注幼儿生活

在平时的日常生活中，要细心观察，发现幼儿世界里的一句话、一个行动、一件事、一个想法里的故事性。例如，幼儿会模仿成人的言行举止；会讲道理给成人听；会突发奇想地做一件事情。他们想去太空找玉兔；或者喜欢小动物，每天不停地给它们喂食，结果动物死了，他们哭了……这些小事基本成型，稍加提炼就是一篇故事。幼儿故事的作者很多是幼儿园教师或者教育工作者。

(五)运用想象、联想创作故事

在有了幼儿日常生活的题材后，按照原样写下来，反而显得太实，不足以成为故事。如果能想想它的前因后果，想想和原材料相关的事情，择取很多件事情合成一个，可能就会构思出一则动人的故事。

二、幼儿故事的改编

相对于创作，幼儿故事的改编相对简单一些。但是幼儿文学范围很广，幼儿故事可以改编的对象很多，如幼儿故事、幼儿诗、幼儿儿歌、幼儿戏剧等，所以在进行改编时要做到以下几点。第一，要选择主题性强的作品。第二，被改编的作品要有教育意义和价值。第三，改编者要熟悉原作和幼儿。第四，改编时要进行推敲，使作品符合幼儿的听赏需求。

学习要点	掌握程度	自我评价
幼儿故事的创作要求	熟练掌握	☆☆☆☆☆
幼儿故事的改编原则	明确理解	☆☆☆☆☆

第四课 幼儿故事教学活动指导

故事活动是幼儿喜闻乐见的一种教学形式，在语言课中有特定的故事教学。在其他门类教学中，故事更是一种添加剂，催化着各类教学活动的教学效果。在音乐活动中，适当的故事讲解，能让幼儿易于理解内容，记忆歌词；在美术活动中，简单的故事讲述能激发幼儿的创作欲望，引导幼儿发挥想象力丰富画面；在健康活动中，繁复抽象的内容变得清晰而具体，让幼儿的记忆特别深刻……

一、幼儿故事教学的注意事项

(一)故事的选择

幼儿的发展与年龄的关系非常紧密，不同年龄段的幼儿思维有很大差异，我们要根据不同年龄特点选择故事文本。文本的选择应基于对幼儿现有知识基础的了解，了解幼儿已有的生活经验，了解幼儿当前的兴趣需要等。不同的幼儿对文本有不同的理解，这就要求我们在文本解读时要站在幼儿的角度充分预设，有充分的准备来应对幼儿对文本的多元解读。

(二)儿童化语言的运用

幼儿思维能力有限，讲述故事时使用的语言应符合幼儿形象思维的特点，使用儿童化的语言。所谓儿童化的语言，是指适合儿童、强调童趣的语言。在组织故事教学活动时，我们使用的语言应当是以浅代深、避繁就简的语言。如故事中提到一锅腊八粥时可以这样描述——红红的枣、黄黄的豆、白白的米、胖胖的花生。显而易见，这样的表述更生动。同时，句式运用也要儿童化。句子要更短小一些、更简单一些，附加成分尽量少，适当重复。如故事《动物做鞋》——小猴开鞋店，大家来做鞋。仙鹤说："请你给我做一双鞋。"小马说："请你给我做两双鞋。"蜻蜓说："请你给我做三双鞋。"大虾说："请你给我做五双鞋。"螃蟹说："请你给我做六双鞋。"最后，蜈蚣也要做鞋，小猴急了："你要做二十一双鞋，什么时候才能做完啊？"这个故事中不断重复的句子不仅可以加深幼儿印象，还具有回环跌宕的韵律感，正是典型儿童化的句式。

(三)故事的再创造

根据幼儿的实际情况，我们要对故事所表达的内容进行加工，注入幼儿所喜爱的趣味因素，以趣促学、寓教于乐。因此在讲述故事之前，应对其语言设计和价值倾向进行仔细认真的研读与审视，根据幼儿发展需要与身心特点对作品进行再创造。有些故事的原文语言描述比较复杂，超出幼儿的理解水平和知识储备。这时就需要教师根据作品内容进行修改，减少描述性的句子、删掉句子中大量的修饰语、把长句改为短句，以适应幼儿的语言接受能力。

(四)角色形象的塑造

故事中的角色往往给幼儿留下极深刻的印象。讲述故事时要对故事角色进行处理，塑造恰当的角色形象，以帮助幼儿了解角色的特点和个性，从而更好地领会故事的意义，获得更愉悦的审美享受。角色塑造的原则就是要把握和揣摩角色性格，如果是以动物为主角的故事，就要把动物拟人化。例如，在讲述《小蝌蚪找妈妈》这个故事之前，首先要熟悉故事，然后对其中小蝌蚪、鸭妈妈、大鱼、乌龟、青蛙的角色形象进行分析、设计。小蝌蚪，可以看成单纯冲动的孩子；鸭妈妈，可以看成直爽的大妈；大鱼，可以看成温柔的女性；乌龟，可以看成稳重的长者；青蛙，可以看成热情、有活力的年轻妈妈。经过这样的形象塑造后，故事里的每个角色都有自己的定位和性格，讲述时会更生动形象。在实际教学中，可以让幼儿分别扮演不同角色，通过参与表演增强幼儿对故事的理解。

故事教学的方法有很多，可以适时引导幼儿加入，让幼儿补充情节、设计结尾、评论故事，使幼儿对故事的参与度更高，促使幼儿敞开心灵、发挥想象。讲故事时运用的表情动作应和故事内容相吻合，形象、鲜明地表现故事的内容，以引起幼儿联想、帮助幼儿更好地理解故事内容。

二、幼儿故事教学活动案例

案例1：谁跟小羚羊去避暑

教案/活动视频供稿：山东省实验幼儿园　孙娜娜

【活动目标】

第一，了解小动物避暑的方式，感知朋友间互相关心的情感。

第二，学习角色对话，尝试表演故事。

第三，理解故事内容，巩固对夏季特征的认识。

【重难点分析】

重点：理解故事内容，学习角色对话。

难点：分角色表演故事。

【活动准备】

知识准备：课前让家长为幼儿讲解不同动物的避暑方式，让幼儿获得每个动物都有不同避暑方式的经验。

物质准备：课件《谁跟小羚羊去避暑》、动物避暑视频及音频、背景音乐、操作教具(小羚羊和小红马、小黑狗、小黄鸡、小松鼠、小灰兔挂饰若干)、黑板、磁铁等。

【活动过程】

(一)观看图片，了解避暑含义

提问：夏天来了，小羚羊的妈妈要带小羚羊去高山上避暑，什么是避暑？

小结：避暑就是天气炎热的时候，找一个凉快的地方去住一段时间。

(二)猜想小动物的避暑方式，学说角色对话

1. 互动提问，引出其他角色

提问：小羚羊会请哪些小伙伴一起去避暑？

2. 引导猜测，学说主要对话

依次观看五种小动物的图片，猜测其避暑方式，并自然学说故事中的主要对话。(五种小动物的提问基本相同。)

指导语：小羚羊邀请了谁？

我们都当小羚羊，一起请请他吧。

他会和小羚羊一起去避暑吗？为什么？

他是怎么避暑的？一起告诉小羚羊吧。

（三）完整欣赏故事，感受同伴间的关心

指导语：《谁跟小羚羊去避暑》还是一个好听的故事，咱们一起来听听。

提问：小羚羊为什么要约小伙伴一起去避暑？

小结：小羚羊可真是一个懂得关心别人，善良、有爱心的小动物。

提问：现在小羚羊还用担心吗？为什么？

小结：原来每个小动物都有自己的避暑方式。

（四）分角色表演故事，进一步理解故事内容

自主选择故事角色，并佩戴相应的小动物挂饰，集体表演故事内容。

指导语：谁愿意来当这只有爱心的小羚羊？这里还有很多的小动物挂饰，喜欢哪个就去拿，我们的故事表演开始了。

（五）拓展经验，了解更多小动物的避暑方式

分别观看乌龟、河马、袋鼠等图片，在猜测的基础上，播放这些小动物避暑方法的视频，了解他们的避暑方式。

提问：他是谁？他是怎么避暑的？

（六）抢答游戏，巩固对动物避暑方式的认识，继续练习对话

幼儿分为两组，教师随机出示一种小动物的图片，幼儿运用故事中的语言、加上动作，快速说出这种小动物的避暑方式，说得完整、速度较快的一组获得一个奖品。游戏依次进行，以奖品数量多的一组获胜。

（七）发散提问，自然结束

提问：除了这些小动物外，你们还知道哪些小动物的避暑方式？

指导语：我们在区域里准备了很多材料，让我们一起去探讨更多小动物的避暑方式吧。

【附】

谁跟小羚羊去避暑

徐劼

炎热的夏天来了，小羚羊的妈妈要带孩子到高山地带去避暑，小羚羊想，还有许多小伙伴也一定热得难受，得约大家一起去。

"谁跟我去避暑？"她一面走，一面喊。

一匹小红马奔跑过来，对小羚羊说："我不去，我一出汗就像洗了冷

水澡一样凉爽了。"原来她身上有许多汗腺，热了就出很多汗，来调节体温，防止中暑，不需要避暑。

小羚羊想，听说小黑狗身上没有汗腺，一定热得受不了，去约他避暑吧。这时，小黑狗正趴在一间屋檐下，张着嘴，伸出长长的舌头，直喘气。

"黑狗弟弟，高山地带凉快极了，你跟我一起去避暑，好吗?"小羚羊对他说。

"谢谢你。"小黑狗摆摆尾巴说，"我身上没有汗腺，舌头上有许多汗腺呢。我伸出舌头，就是用它排汗，调节体温呀。"

小羚羊说声"再见"，走到一棵大树旁，看见小黄鸡躺在树下的沙土里，两脚搔着沙土，还不断地打着滚儿。

"你躺在沙土里玩，多热呀!"小羚羊摇摇头说。

小黄鸡"咯咯咯"地笑了，他说："我热得直喘气，在沙土里躺躺，浑身凉飕飕的，可舒服了。"

小黄鸡不需要避暑，小羚羊多么失望呀! 她又走进林子里去约小松鼠。

"我不用去避暑。"小松鼠在树枝间蹦来跳去，回答说，"夏天到来之前，我就脱掉了冬天的厚皮毛衣，换上了薄薄的夏装啦。"

再去找谁呢? 小羚羊正犹豫着，小灰兔急急忙忙地从她面前经过，小羚羊喊住他。

小灰兔摆动着两只大耳朵说："我不想去避暑。夏天，我挺着这两只大耳朵，可以散热，靠它调节体温哩。"

……

后来小羚羊只好跟着自己的妈妈去避暑啦。[①]

案例2：小熊买糖果

教案供稿：青岛市李沧区惠水路幼儿园　王莎莎

【活动目标】

第一，能仔细听故事，感受故事的诙谐与幽默，并能用语言、动作等表达对故事的理解。

---

① 陆健、罗无力：《儿童睡前故事大全》，97～98 页，北京，北京日报出版社，1989。

第二，能用连贯的语言和恰当的词汇完整讲述故事的情节。

第三，体验正确记忆的重要性，了解一些有效记忆的方法。

【重难点分析】

重点：能在理解故事的基础上，运用连贯的语言和恰当的词汇完整讲述故事的情节。

难点：体验有效的记忆方法。

【活动准备】小熊形象1个，图片3组。

【活动过程】

(一)出示小熊图片导入

• 今天来了一位动物朋友，是谁呀？你觉得这会是一只怎样的小熊？

• 这只小熊记性特别不好。什么是记性不好？

• 小熊记性特别不好，还闹出了许多可笑的事情呢，你们想不想来听一听？

(二)初步感知故事

教师完整讲述故事，幼儿说出故事讲的是什么事、有哪些人物。

(三)深入理解故事

1. 欣赏故事(第一段)

教师讲述第一段故事后提问：

• 小熊家里来了客人，妈妈让他去买什么？(出示图片。)

• 小熊担心忘了，所以一路上都在干什么？突然发生了什么事情？小熊把要买的东西记成了什么？(出示图片。)

• 他是怎样把气球、宝剑、冲锋枪带回家的呢？(结合图片、动作理解动词"牵""挎""背"并进行表演。)

2. 欣赏故事(第二段)

教师讲述第二段故事后，围绕以下问题进行交流：

• 第二次，小熊记住要买的东西了吗？他怎么又没记住呢？

• 那他买的是什么？这么多东西小熊怎么带回家呀？(结合图片理解动词"夹""顶""抱"并进行表演。)

• 妈妈见了大吃一惊，只好再给他一些钱，这次小熊会买对吗？为什么？

3. 欣赏故事(第三段)

教师讲述第三段故事后提问：

• 第三次小熊买对了吗？

• 可是最后又发生了什么事？

（四）完整欣赏故事后，引导幼儿交流

• 你觉得这个故事中哪些地方特别有趣？

• 你觉得这是一只怎样的小熊？

• 听了小熊的故事，你有什么话要对他说呢？

（五）结合生活经验，说说自己的"记忆"故事，了解一些有效记忆的方法

• 小熊记忆不好，谁来帮帮他，怎样才能记住妈妈的话？

• 你们平时有没有因记性不好而惹出一些小麻烦、小笑话呢？

• 今天我们听了《小熊买糖果》的故事，你能记住这个故事回家讲给爸爸妈妈听吗？

【附】

小熊买糖果

武玉桂

有只小熊记性很不好，什么话听过就忘记。

一天，小熊家里来了客人，妈妈让小熊到商店去买苹果、鸭梨、牛奶糖。小熊担心忘了，一边走一连念叨："苹果、鸭梨、牛奶糖，苹果、鸭梨、牛奶糖……"

他光顾着背那句话，一不留神，"扑通！"绊倒了。这一摔不要紧，小熊把刚才背的话全都忘啦！"妈妈让我买什么来着？"他拍着脑门想呀，想呀，"噢，想起来了，是气球、宝剑、冲锋枪！"

小熊挎着宝剑，背着冲锋枪，牵着红气球回家了。妈妈说："哟，你怎么买回玩具来啦？"

妈妈又给小熊一些钱，对他说："这回可别忘记了！"

小熊点点头："妈妈放心吧！"

"苹果、鸭梨、牛奶糖，苹果、鸭梨、牛奶糖……"小熊一边走一边念叨，他光顾着背了，忘了看路，"咚！"一头撞在大树上。撞得头上起了包，撞得两眼冒金花。这一撞不要紧，小熊又忘了妈妈让买的东西了。"妈妈让我买什么来着？"他想呀，想呀，"噢，想起来了，是木盆、瓦罐、大

水缸!"

小熊夹着木盆,顶着瓦罐,抱着大水缸呼哧呼哧地回到家里。妈妈见了大吃一惊,知道他又把话忘记了。只好再给他一些钱,说:"这次可千万记牢啊!"

小熊提着篮儿点点头:"妈妈放心吧!"

这回,小熊避开了石头,绕过了大树,来到食品店,总算买好了苹果、鸭梨、牛奶糖。

小熊高高兴兴地朝家里跑去。正跑着,忽然,一阵风刮来,把他的帽子吹掉了。小熊连忙放下手中的竹篮子,去捡帽子。

等他捡起帽子往回走的时候,忽然看见了地上的竹篮儿,里面还装着苹果、鸭梨、牛奶糖呢! 他大声喊起来:"喂,谁丢竹篮子啦? 快来领呀!"

……

你瞧这个小熊,多好笑![1]

【点评】

这个教学活动设计是典型的总—分—总结构,此外幼儿故事的教育活动还有递进结构、并列结构。针对不同的故事,幼儿教师可以选择不同的结构。

这个教学活动的开始是情境导入。进入教学主体后,第一个层次是先让幼儿听一遍完整的故事,对故事有一个整体印象,初步感知故事;第二个层次是分段听故事,讲故事,并与图片相对应,深入理解故事内容;第三个层次是化部分为整体,带领幼儿赏析故事;第四个层次是延伸到幼儿现实生活中,对幼儿进行启迪和教育。

本课回顾

学习要点	掌握程度	自我评价
幼儿故事教学注意事项	理解并掌握	☆☆☆☆☆
幼儿故事教学案例	理解并应用	☆☆☆☆☆

---

[1] 柯玉生、王晓晴:《小朋友童话王国·上》,93~94 页,石家庄,河北少年儿童出版社,1996。

思考与练习

1. 结合作品说一说，什么是幼儿故事？它有什么特点？

2. 任选一篇幼儿故事，进行赏析。

3. 选择一个寓言或者一首诗歌，进行幼儿故事的改编。

4. 自选一篇幼儿故事，设计教学活动。

学习反思

_____

_____

_____

_____

第七单元
图画书

学习目标

1. 了解图画书的发展及主要奖项。

2. 理解图画书的内涵及功能。

3. 掌握图画书的分类及特征。

4. 学会鉴赏图画书。

5. 掌握图画书的创编方法。

6. 尝试图画书教学的实践。

导　语

　　通过图画去认识世界，或者通过图画去表达自己对这个世界的认识，是每个人天生就具备的能力，不需要任何外界的教育，这是最自然不过的一种表达需要。图画书能让幼儿爱上阅读。我们接触一些幼儿以后就会发现，对他们来说，绘画就和说话、微笑、哭泣一样，是最自然不过的一种表达方式。

第一课　图画书理论

　　捷克教育家夸美纽斯(1592—1670)所编写的《世界图绘》是世界上第一本专为儿童编绘的图画书。在这之后，图画书保持了持续上升的发展势头。作为幼儿最早接触的文学样式之一，图画书符合幼儿阶段个体的认知及情感的发展需求，是幼儿早期阅读不可或缺的优秀读物。

一、图画书的内涵

　　图画书的英文名称为"picture book"，又称绘本。顾名思义，就是主要用绘画来表现作品主题内容的文学样式。图画书是以儿童为主要对象，将绘画与文字结合起来的一种特殊的儿童文学形式，它将大量的连贯性的图画与相对较少的文字(或没有文字)结合起来传递信息或讲述故事，又叫图画故事。图、文、故事、意义是其不可或缺的要素。幼儿图画书则主要是以幼儿为阅读主体，用图画或用图画和文字共同叙述一个完整的故事，是图文并茂的一种儿童文学形式。

　　图画书与带插图的书具有以下本质区别。

　　一是表现形式不同。插图的画面以间隔的形式出现在作品中，而图画书的画面具有连续性。

　　二是作用不同。插图在作品中是表现作品内容的辅助手段，其作用在于对作品进行直观的演绎、补充和说明，文字是作品的主体。而在图画书里，图画不再是文字的附庸，而是图书的生命，甚至有很多图画书是一个字也没有的无字书。画面本身具有很强的表述性。"不需要文字，图画就可以讲故事"，这是图画书的一个典型特点。

　　三是地位不同。插图从属于原文，居于次要地位；而图画文学中的图画承担着直接表现意义的任务，在作品中占主要地位。

　　日本的"图画书之父"松居直先生曾经用两个等式来描绘图画书与带插图的书的区别：文＋图＝有插图的书，文×图＝图画书[①]。由此可见，图

---

　　①　[日]松居直：《我的图画书论》，郭雯霞、徐小洁译，241页，乌鲁木齐，新疆青少年出版社，2017。

画书的文字和图画是密不可分的，二者缺一不可。图画书的图画不是将文字描述简单地具象化，文字也不是重复解释画面的场景，二者是彼此渗透、相互照应的，从而完美地呈现作品。

一般来说，图画书中的文字往往表达图画所表达不出来的时间、声音、人物心情等。例如，在著名的睡前故事《猜猜我有多爱你》中，小栗色兔子和大栗色兔子仿佛比赛一般，竞相表达对彼此的爱有多少。图画作者安妮塔·婕朗以水彩作为媒材，采用单幅画面对开和跨页交替出现的方式，通过凸显大小兔子的身高比例，惟妙惟肖地刻画了它们的肢体语言，将故事推向了一个又一个高潮。而文字作者山姆·麦克布雷尼的文字语言表达也恰到好处地表达了小兔子对大兔子的爱。爱一个人不能只用行动去表示，必要的时候也要说出来，让对方知道，就像故事里的小兔子一样，"'这么多。'小兔子说，他把手臂张开，开得不能再开"。在接下来的故事中，小兔子一边说一边用它的手、脚、整个身体等来表达它到底有多爱大兔子。读者会发现，画面呈现的是小兔子和大兔子那温馨的充满爱意的肢体动作，而文字传达的是此时此刻两只兔子发自心底的声音。"我的手举得有多高，我就有多爱你""我爱你一直到我的脚趾头""我跳得有多高就有多爱你"，读者看着画面，读着文字，那份浓浓的爱意已然在心中涌动。由图画语言和文字语言共同构建的故事是立体的、饱满的，能充分地调动读者的感知觉。无论从哪个角度去审视这个故事，它都洋溢着爱的温馨。图、文作者心有灵犀，完美地阐释了爱的主题。可见，图画和文字缺一不可，否则这个故事就不会成为经典的睡前故事，至今仍非常受欢迎。

再如，在艾瑞·卡尔的《好饿的毛毛虫》中，作者运用创意十足的手法，让一只瘦弱的毛毛虫啃穿了一种又一种食物，最终蜕变为一只美丽的蝴蝶。毛毛虫啃穿了一个苹果，啃穿了两个橙子，啃穿了三个李子……它为什么一直这样啃呀啃呢？这是因为它总是觉得"饿"。"饿"是借助文字表达出来的。直到星期六，毛毛虫总共啃穿了十种食物，画面上的毛毛虫和之前不一样了，它倒着头躺着，它怎么了？这时候文字告诉读者，"到了晚上，它就胃痛起来"。在接下来的一幅图中，读者会看到毛毛虫这一次只啃穿了一片可爱的绿树叶，它又恢复了往日的样子，正常行走了。并且文字再次告诉读者，"这一回它感觉好多了"。因此，我们可以这样认为，在图画书中，图画和文字这两种语言都在讲故事，只有二者共同讲述的故事，才是完美的图画故事。所以，"一本图画书就至少包含着三个故事：一个是文字讲述的故事，一个是图画暗示的故事，还有一个是文字与图画相结合而产生的故事"①。当然，这里所说的"相结合而产生的故事"要求读者与图画故事进行互动，调动自身的积极性深入故事，体会故事。

想一想

选择一本自己喜欢的图画书，第一遍只看图画欣赏故事；第二遍只看文字欣赏故事；第三遍结合文图来品味故事。对比三次阅读感受，分析有何不同。

二、图画书的分类

幼儿图画书的种类繁多，根据不同的标准可以将图画书划分成不同的类别。

根据书中是否有文字的标准，可以将其分为无字图画书和图文并茂的图画书。

无文图画书没有文字，单纯用画面表现故事内容，内容浅显，主题单一，富有儿童情趣，有助于儿童的智力和语言能力的发展。例如，瑞士画家莫妮克·弗利克斯的无字书系列、郑宗琼的《蛋糕哪儿去了》、大卫·威斯纳的《疯狂星期二》。无字图画书是完全通过图画来讲述故事的，除了书名之外，没有任何文字线索，图画之间具有很强的连续性，就像一部电影短片，给予读者很强的视觉冲击，如莫妮克·弗利克斯的《颜色》，故事在小老鼠、画纸及桌子上的颜料盒、画笔、涮笔缸之间展开。小老鼠奔波在画具之间，忙忙碌碌的身影通过画面上位置的变化活动起来，仿佛一只可爱的小老鼠正活跃在读者面前一般。

---

① ［加］佩里·诺德曼、［加］梅维丝·雷默：《儿童文学的乐趣》，陈中美译，483～484 页，上海，少年儿童出版社，2008。

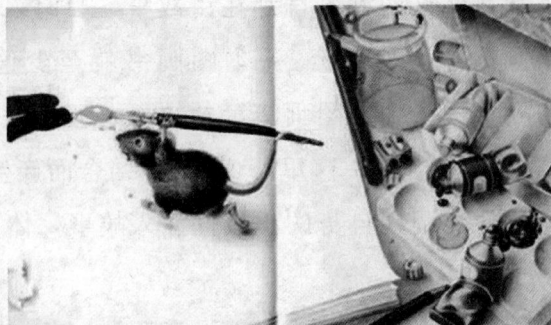

《颜色》①

图文并茂的图画书可以分为两类：一类是以图画为主、文字较少的图画故事书，如《换一换》《爸爸和我》等，这类图画书比较适合低龄幼儿；另一类是文字较多，文字本身就可以构成一部完整作品的图画书，如《花婆婆》就属于这类图画书，比较适合年龄大一些的儿童。

根据表达主题的不同，图画书可以分为生命教育类、品德教育类、健康医学类、自然生态类、人文艺术类、科学教育类等类别。

根据题材的不同，图画书可以分为生活习惯类、儿童心理类、亲子关系类、阅读分享类、成长教育类、美德素养类、自然环保类等类别。

根据图画书表现内容的不同，图画书可以分为知识类、科普类图画书和文学图画书。文学图画书又称图画故事书，这一类别的图画书在幼儿图画书中所占比重较大，故本书在探讨图画书的相关问题时主要以图画故事书作为研究对象。文学图画书根据文体来分，又大致可分为故事型图画书、小说型图画书、童话型图画书、散文型图画书以及诗歌型图画书。尽管这几个分类之间的界限并不完全清晰，但是总的来说，各个类型还是有其不同的侧重点的。故事型图画书的基本特点是简短浅显。小说型图画书较故事型图画书而言刻画更为细致，叙述更为详尽。童话型图画书注重丰富多彩的幻想，图画的置入使得作品更加神奇。散文型图画书注重审美意境的营造。而韵律性、抒情性、凝练性则是诗歌型图画书的主要特点。

拓展资源

"海豚绘本花园"对绘本进行了分类，已经做成了 12 个专辑，如"无声

---

① ［瑞士］莫妮克·弗利克斯：《颜色》，济南，明天出版社，2003。

的关爱""孩童的稚语""相处的智慧""自然的秘密""艺术的盛宴"等。

三、图画书的特征

图画书作为视觉化的幼儿文学样式，不同于童话、故事等以语言文字写就的文学作品。从文学的角度来说，有文学性、生活性、教育性、情趣性；从美术的角度来说，有美术表达形式的多样性、物像形态的生动性、色彩鲜明的协调性；从结构的角度来说，精美完整（封面、封底、环衬、扉页、独页、跨页等）。

就图画书本身而言，它具有整体性、直观性、趣味性等特征。

（一）形象的可视性

形象的可视性即画面所展示的人物、动作、环境等都是十分形象、直观的，或写实，或夸张，都能让幼儿感到逼真传神、生动有趣。图画书的图画要做到新颖、新奇，同时，适度的夸张、鲜艳的色彩、富于动感都是增强形象的手段。这就需要画家具备高超的创作技巧，通过能引起幼儿注意的色彩、形象、画面来营造可视的故事空间。

（二）图画的叙事性

图画书的主体是图画，这里的"图"不是插图，也不是与文字相脱离的配图，"图"本身是叙事的。图画书中的图画本身就可以表达完整的故事，光看图就可以明白故事的内容。正如英国的利利安·H.史密斯在《儿童文学论》一书中讲到的，一个男孩子和弟弟在一起看维廉·尼克尔松的《聪明的彼尔》。哥哥对弟弟说："托米，你不认识字也没有关系，只要挨页儿翻，看画就能明白故事。"这也就是绘画传达性[①]，柯南认为这是图画书最具实质性的特征。如果没有这种传达性，图画书就失去了生命。

（三）文图的结合性

图画书是一种图文并茂的书籍形式。从文学形态上讲，它是文字和美术的相互配合、相互丰富和相互激发。图、文不是简单的说明与被说明的关系，而是有机结合的。虽然每本书的图文构成不同，有的图画书文字少或无，有的文字多，但优秀的图画书，其文字都考虑了情节、场景、人物

---

① 柯南：《图画书：幼儿文学的现代形式》，载《浙江师范大学学报（社会科学版）》，1994（6）。

的变化，同时图画也具有一种动态感和流畅性，二者的配合使得整个画面看起来和谐、完整。文字主要诉诸听觉，而图画是一种视觉艺术，图画书通过这两种不同的媒介来表现故事内容，并且将二者完美地结合起来。

(四)内容的趣味性

图画书之所以能成为流行读物，不仅幼儿喜欢读，成人也喜欢读，就是因为图画书特有的趣味性。比如，《母鸡萝丝去散步》就是一本非常有趣的图画书。书中简洁地叙述了母鸡萝丝的活动。作者精心设计的种种巧合让人物间的冲突和危机在欢快的气氛中一次次地化解，特别符合读者的心理特点和情感需求。该书人物造型夸张灵动，色彩明丽鲜亮，平面化的构图充满了丰富的细节。

四、图画书的功能

图画书作为幼儿的"人生第一书"，被公认为幼儿早期教育的最佳读物，是最适合幼儿阅读的图书。梅子涵曾经说过："一个孩子，尤其是在今天的社会，没有看见、阅读过图画书，会是一个很大的遗憾，和没有看见过玩具一样，没有看见过草地一样，那是童年不完整的表现。图画书实在是一个很特别的花园。"[1]图画书的直观性与形象性，符合幼儿审美需要和心理特点，在长期阅读中，能潜移默化地激发幼儿的阅读兴趣，对幼儿的思维、语言发展，审美能力的提高，情感的点化，视野的开拓都有着很大的作用。实际上，图画书阅读是对幼儿的综合素质的培养。

(一)让幼儿学会丰富的语言

图画书的作者使用幼儿可以解读的词语和熟悉的语句结构，将主题巧妙涵盖进去，汇聚成结构完整与内容丰富的故事。透过阅读，幼儿无形中便培养出较高的语言能力。例如，"开心""高兴"等词语对于幼儿来说，可能只是一些抽象的东西。如果不用一些具体的形象，幼儿便会很难掌握这些词语，也不会很好地在合适的时候将这种情感表达出来。在与幼儿的相互作用中，成人也较难以完全幼儿化的方式去向幼儿展示这种情感。然而图画书却能以其形象的图像以及一些简单而生动的词语向幼儿传达这些信息。例如，《生气汤》使幼儿通过形象生动的图画表象，结合词语的表达，

---

[1] 梅子涵：《童年书·图画书的儿童文学》，10页，济南，明天出版社，2016。

初步了解了"不如意""横冲直撞""吼""龇牙咧嘴"等词语表达的意蕴。同时，借助文字以及有时是夸张而形象的图画，幼儿也深刻地体会到了"生气"这种情绪的种种表现方式。

(二)让幼儿感受艺术之美

作为一种综合艺术，图画书具有丰富的审美价值，它结合了美术中的色彩、线条、构图及文学中的词汇、语句、结构等巧妙构思形成了外在形式美，同时又有作品内容所呈现出的内在意蕴美。图画书中的图画部分，往往都是知名画家、插画师的作品，他们运用各种材质，营造故事情节，让幼儿在阅读过程中，享受文学，也感受美学。在同一图画书中，使幼儿根据自身的体验解读出不同的图意，充分享受阅读的乐趣。正像松居直先生所描述的一样，"在图画书中，被称为语言艺术家的诗人和作家，绞尽脑汁，运用丰富的想象力，选择语言，用语言出色地表现出形象化的故事世界，那是语言的最高世界，同时还有图画。图画也是画家精心绘制的美的世界，而且是画中有诗，诗中有画"。以文学艺术和美术的完美结合而形成的图画书自然会激发幼儿的"美感"，给幼儿带来精神上的愉悦和满足。

(三)促进幼儿想象力的发展

优秀的图画书能给幼儿提供无限的想象空间，而包含了幼儿丰富想象的图画书更是拓展了原有作品的内涵，使其变得更加丰满。幼儿在看一本书时，不仅会联想到现实的生活、其他文学作品，还会把自己想象成这个作品中他喜欢的角色，这就是由幼儿的年龄特征所引发的。例如，幼儿在阅读《逃家小兔》前两幅图，想象如果自己是小兔，会逃到哪里去时，好像自己就真的是那只调皮的兔宝宝了，边比画动作边说出自己的想法，陶醉在自己想象的世界里，享受着作品所带来的快乐。这些想象的内容让图画书阅读不仅局限在图画书本身，而且更加丰满、更加立体。

(四)让幼儿学会观察、思考与表达

阅读图画书的乐趣有很大一部分来源于发现了图画信息的有意义元素，它们不是纯粹提供一种感官上的乐趣，而是有助于幼儿对故事内容的理解，正因为如此才使得图画书成为有别于其他形式的视觉艺术。当看到《一只与众不同的乌鸦》的题目后，一名幼儿立刻指着那只乌鸦说："是它，是指它，因为就它是彩色的！"因此，图画书阅读有助于提高幼儿观察的目的性、观察的持续性、观察的细致性、观察的概括性。

图画书生动的画面，能引导幼儿主动观察、认真观察、深入观察。例如，《逃家小兔》主要由两张黑白画面和一张跨页的色彩相间的画面构成，前者配以文字，后者没有文字和对白，但文字与黑白画面紧密结合，形象地展示了兔妈妈和兔宝宝那种温馨的情感。小兔说："如果你来追我，我就要变成溪里的小鳟鱼，游得远远的。"妈妈说："如果你变成小鳟鱼，我就变成捕鱼的人去抓你。"接着彩页马上形象地展示了兔妈妈用萝卜钓小兔这条"小鱼"。这样的图画与文字的结合，深深地抓住了幼儿的眼球，幼儿的观察力被这么拟人化的展示充分地调动起来，在不知不觉中提高了幼儿观察的目的性和持续性。

(五)有利于幼儿获得积极的情绪情感体验，促进社会化情感和社会认知的发展

当阅读引起了强烈的情感共鸣时，幼儿常常会以角色扮演和身体动作等方式对图画书做出回应。当听到故事的高潮部分时，幼儿的角色往往会从一个听众变成一个游戏者，在游戏的情境中，幼儿不是孤立存在的，有了伙伴的互动，大家可以共享对故事的不同见解。在阅读中既增加了幼儿与成人交往的机会，同时也促进了幼儿与同伴的交往。看《恐龙竞技场》时，男孩子们都把手摁在书上，争着当恐龙。一名幼儿想了一个好办法，他对另一个男孩说："好吧，咱们都当，因为它还有许多兄弟。"

其实，图画书中的内容都是社会生活的直接或间接反映，幼儿阅读图画书时总是以自己的生活经验来理解故事中的世界，并在与图画故事书的接触中扩展自己的知识经验，理解社会规范，获得社会性的发展。对幼儿而言，阅读即生活。在这个过程中，幼儿增加了自己的经验。就像幼儿喜欢的《彩色的乌鸦》系列，他们可能不会明白这是涉及种族歧视的世界性的问题，但是他们在同情乌鸦的"孤单"的同时，也认为：我们不能因为别人和我们不一样就排斥他们。幼儿通过图画书中不同性别人物的行为可以改变自己对男女的态度。正是基于图画书的这种功能，幼儿通过同伴间的讨论，吸收、转化各种观点，最后学习到清楚的价值观，形成积极向上的生活态度。

世界著名的图画书大奖

1. 凯迪克大奖（The Caldecott Medal）：由美国图书馆协会（American Library Association）于 1938 年创立，是为了纪念 19 世纪英国的图画书画家伦道夫 J. 凯迪克（Randolph J. Caldecott，1846—1886）。"凯迪克大奖"是美国最具权威的图画书奖，被认为是图画书界的"奥斯卡"奖。获奖者必须是美国公民或者具有美国国籍的外国居民，其作品必须是艺术家的原创且作品在上一年出版。

2. 凯特·格林纳威奖（Kate Greenaway Medal）：由英国图书馆协会（The Library Association）于 1955 年创立，主要是为了纪念 19 世纪伟大的童书插画家凯特·格林纳威女士（Kate Greenaway，1846—1901）。凯特·格林纳威奖是英国儿童图画书的最高荣誉，但得奖者却不仅限于英国国籍的插画家，全世界杰出的创作者都可以成为得奖者，影响力遍布全球。

3. 国际安徒生奖（Hans Christian Andersen Award）：由国际少年儿童读物联盟于 1956 年设立，由丹麦女王玛格丽特二世赞助，以童话大师安徒生的名字命名。最初只授予在世的作家，从 1965 年起，也授予优秀的插图画家。"国际安徒生奖"是全球儿童文学界的最高荣耀，素有"小诺贝尔文学奖"之称。获奖者限于长期从事青少年读物的创作并做出卓越贡献者。

4. 信谊图画书奖：由信谊基金会设立。信谊基金会是中国台湾地区最早从事推广学前教育的专业教育机构，1987 年春，为了提高幼儿文学的创作质量及欣赏水平，奖励幼儿文学创作者并培育幼儿文学创作人才，创设了"信谊幼儿文学奖"，此奖现已成为中国台湾地区出版界最具指标性的幼儿图画书征奖活动。2009 年 8 月，信谊基金会设立了"信谊图画书奖"，以此鼓励原创图画书的创作。

本课回顾

学习要点	掌握程度	自我评价
图画书的内涵、特征	熟练掌握	☆☆☆☆☆
图画书的分类	明确理解	☆☆☆☆☆
图画书的功能	理解并掌握	☆☆☆☆☆

第二课　图画书阅读指导

图画书是翻页的艺术，是按照书页的顺序来连续地表现整个故事的。为了吸引读者迫不及待地往后翻页，创作者在文字和图画里都做了巧妙的设计。好的图画书，边边角角都渗透着作者的精心设计和安排，需要读者反复研读，用心体会。

一、图画书读什么

阅读一本图画书，需要从封面、环衬、扉页、正文到封底，都一一细读开来。

（一）封面

一本书首先映入读者眼帘的是它的封面，所以讲究的书籍向来都是精心设计封面和版式装帧的。一般而言，图画书的封面取自书里面的某一幅画，而这幅画往往是这本书的精华所在。也有一部分图画书的封面是根据图画书的内容而单独创作的。封面上除了画之外，还要注意书名、作者、译者、出版社等信息。这些都是阅读者不可忽视的地方。

关于封面的阅读，我们至少可以进行两项有意思的阅读活动。

其一，猜测大意，产生期待。阅读心理学上有个名词叫"阅读期待"。一个读者在阅读期待的心理条件下会产生强烈的阅读欲望。例如，大卫·香农的《大卫，不可以》封面上画的是小男孩大卫，他的脚下踩着几本被摞得歪歪斜斜的书，双手捧住了一个鱼缸，鱼缸的水溅了出来，鱼儿露出惊吓的表情。在看到这样一幅画面时，读者下意识地就想知道接下来会发生什么事。阅读正文之前，有这样的阅读期待产生，能够使得读者极易理解这本书的主要信息，把握这本书的主旨。

《大卫，不可以》①

其二，激发兴趣，乐于阅读。例如，在阅读霍莉·霍比的《赶回家过

---

① ［美］大卫·香农：《大卫，不可以》，余治莹译，石家庄，河北教育出版社，2007。

圣诞节》这本书时，可先想想西方人过圣诞节是个什么样儿，他们会干些什么？和我们国家的哪些节日相似？然后再看封面，想一想"赶"回家可能会发生什么事，从而使读者迫不及待地打开图画书进行阅读。

也有的图画书，需要将封面与封底连起来看，如海德和卡特的《奇怪的一天》，将封面和封底连起来看，我们会发现，这是一幅完整的图画，而这幅取自正文中的图画，描述到了书中的许多人物。

(二)环衬——蝴蝶页

打开封面之后，我们会看到封面与书芯之间有一张衬纸（简装本则没有），这就是环衬，又称为蝴蝶页。这是成人最容易漏读的页，一般人匆匆翻过，或者干脆与扉页连在一起一翻而过，这样往往会错过作者独具匠心的设计。要是环衬上有图案，那就要耐着性子好好看一看了，它们一定与书中的故事有某种联系。打开一本图画书，不要着急往后翻，后面的故事是逃不掉的。请先看前环衬，读完故事，再看后环衬，看看它们都告诉了我们什么。有时，前环衬和后环衬遥相呼应，一个作为故事的开头，一个作为故事的结尾，要是漏看一个，就会说出完全相反的结局。

幼儿一般不会漏过环衬，他们虽然可能说不出什么，但是可能会有新奇的发现与新奇的联想。例如，《爷爷一定有办法》中的蝴蝶页是那条神奇的毯子，上面布满了闪烁的星星，给人一种神奇的梦幻色彩。也有的前环衬和后环衬的图案是一样的，但阅读整本书之后，读者产生了不同的阅读感受。

(三)扉页

翻过蝴蝶页之后，我们便看到了扉页。扉页上一般写着书名、作者、绘者、译者和出版社。有些扉页上还有作者、绘者的简介、本书的获奖纪录。扉页一定要仔细看，因为其中包含着丰富的信息。它会告诉你这本书的主人公是谁，大致发生了什么事。

大部分图画书的扉页总是阅读的起点。因为正文向前后延伸，会使得故事跨越边界，让人读出无穷的意味。扉页中的伏笔与暗示，仿佛大戏开演前的锣鼓声响，为正文做好了铺垫，营造好了情境。有的图画书的扉页是一张阅读地图，也许刚开始阅读并不会有什么发现，但是当读完整本书之后，蓦然回首才发现扉页已将故事中的重点一一指出，于是我们会产生再次阅读的欲望。

(四)正文

图画书不只是图画讲故事，文字也讲故事。如果只看图画，那只是唤醒了故事的一半生命。同样，只看文字不看图画，也只是唤醒了图画书的一半生命。图画书至少包括以下三种语言。一是图画语言——由图画来表达。二是文字语言——由文字来表达。三是图文结合、对照、碰撞产生的新的语言。

也就是说，一本图画书至少会包括三个故事：第一个是文字讲述的故事，第二个是图画讲述的故事，第三个是文字与图画相结合而产生的故事。第三个故事，有时与第一个、第二个故事讲的是同一个故事，有时与第一个、第二个故事讲的不是同一个故事。当它们讲述同一个故事时，文字和图画的关系有点像一对亲密的恋人，它们手拉手，互相补充，一起努力把故事讲好。例如，在《奇怪的一天》中，文字是在讲一个小男孩杰克因为等待一封获奖通知信而心情起伏的故事，而图画则"讲"了更多人的故事，如邮递员为了追赶被风吹走的信而百般努力，一个孩子妈妈摔倒了使得婴儿车滑下坡去，一群踢球的孩子差点把房子玻璃窗给砸了……当我们把图画和文字结合起来看的时候，则会看到小男孩杰克在漫步时无意中做了许多好事。

正因为图画书具有这样三种语言，所以许多学者一直认为听读图画书和自己看图画书是不一样的。每个幼儿都是读"图"天才。幼儿看到的形象，永远比他们听到而留下的记忆深刻。这就是为什么著名的儿童文学作家梅子涵先生一再强调对幼儿的教育"不要告诉他什么，而要让他看到什么"。例如，《彩虹色的花》讲述的是花儿把自己的花瓣一瓣一瓣地传递给需要的人，当她献出自己的一切之后，花茎也折断了，但她仍然喜滋滋地站在那儿。阅读到此处时，幼儿的心灵往往会受到触动，他们会为花儿惋惜，甚至为她落泪。语言的节奏性与画面的节奏(颜色、构图、色调等)构成了故事的节奏，特别易于理解与接受。只有在图像与语言之间建立某种联系，让言、象、意三者有机地融合在一起，才能习得语言，增长知识，陶冶情操。

(五)封底

封底也往往参与整本图画书的叙事，如当我们读完《猜猜我有多爱你》，合上书时会发现，封底的文字就像是这个故事的结尾一样在诉说感叹。封底上的信息有时非常丰富，可能是这本书的简介与导读，也可能是这本书的推介与评论。大部分封底与封面相呼应，有的甚至需要与封面连在一起欣赏和讨论，有的则是故事的结尾与延续。表现手法各异，或直接绘出，或用简笔暗示。总之，合上书，不是一个结束，很可能是另一个开始，是新一轮阅读的起点。

《猜猜我有多爱你》①

二、怎样读图画书

美国教育心理学家杰罗姆·布鲁纳这样阐述阅读指导：一开始，教师得先为幼儿读故事，慢慢地，用比较戏剧化的方式，来呈现整个作品。在幼儿还没有能力完全自我阅读之前，教师要利用"最近发展区"，协助幼儿了解故事，帮助他们逐渐成为真正的读者。

(一)想象式深入阅读法

优秀的图画书能给幼儿提供无限的想象空间，而包含了幼儿丰富想象的图画书更是拓展了原有作品的内涵，使其变得更加丰满。

首先，预测故事。

无论什么书，封面都是最先映入读者眼帘的，在阅读前让幼儿对故事进行猜测则会激起幼儿强烈的阅读欲望。例如，图画书《神秘的大衣》的封面，瞧瞧他，一副神秘兮兮的样子，胖得无边无际，领子里居然露出火烈鸟的长脖子、长颈鹿的脑袋、兔子的耳朵，蜥蜴从他的衣襟里探出身来。他的挎包里面，蹲着两只怪模怪样的鹅。他的如同鳄鱼一般起伏的背上，停着一只乌鸦……

其次，设疑想象。

设置设疑想象这样的环节，意在培养幼儿大胆质疑、猜想、预测等主动学习的能力。同时也能帮助教师了解幼儿的实际水平和已有的生活经验，为更好地阅读图画书奠定扎实的基础。例如，《我的幸运一天》这本书，看了题目和封面就设疑：这是谁的幸运一天呢？他幸运在什么地方

---

① 文/[爱尔兰]山姆·麦克布雷尼、图/[英]安妮塔·婕朗：《猜猜我有多爱你》，梅子涵译，济南，明天出版社，2013。

呢？他为什么会幸运呢？

最后，合理联想。

好的图画书不仅仅在讲述一个故事，同时也是在帮助幼儿提升观察力，丰富想象力，升华精神境界。简明的文字与细腻浪漫的图画能让幼儿的想象力与创造力得以自由驰骋。所以，在图画书阅读过程中，要重视幼儿读图能力与想象能力的培养。可以选择最富想象、最动人的图画引导幼儿细细地观赏图画中的形象、色彩、细节等，使其进行自由的联想，感受画面所流露的情感、所表达的意蕴，遐想文字以外、图画以外的世界。例如，《蛤蟆爷爷的秘诀》中说："如果你遇见了这样的怪兽，你会怎么办？"这句话就引导了幼儿去思考画面以外的问题。

再如，《我永远爱你》讲述的是小熊阿力因不小心打碎了妈妈最心爱的碗，而担心妈妈的反应的故事。于是，他就跑去找妈妈，做了一场"爱的测试"。妈妈表现得近乎完美，她不厌其烦地保证"我永远爱你"，同时又不忘补充"不过你要对自己的行为负责"这句话。其实，在生活中，我们每个人都是图画书中的小熊阿力，都有过小熊阿力的担忧。在组织幼儿进行《我永远爱你》阅读时，教师要深情地为幼儿朗读，让幼儿在教师的深情演绎中，受到感染。又如，在非常幽默滑稽的《小猪变形记》的阅读中，教师可以运用夸张的语言，演绎小猪的所作所为，这样可以让幼儿开怀大笑、兴趣高涨，同时在轻松愉快中感悟主题。

一些图画书靠重复的情节与句型来连接画面，构成旋复式的结构。导读这样的图画书时，我们就要充分利用这种旋复式的结构，引导幼儿参与到推演故事情节的过程中来，让故事在幼儿的充分想象中完成衔接。例如，在《逃家小兔》中，作者用简单句式"如果你变成……，我就变成……"将整个故事串讲下来，使整个故事充满了想象。在导读中，教师可以利用图画书中一次又一次的变化，让幼儿参与其中，如提出"如果你是兔妈妈，你会怎么变，让小兔子回家呢？"这样的问题。在幼儿饶有兴趣的猜测中，推进故事情节的发展，让幼儿体会兔妈妈对小兔子的那份浓浓的爱，激发幼儿的阅读兴趣，从而使幼儿爱上阅读。

（二）游戏情境式探究阅读法

当阅读引起了强烈的情感共鸣时，幼儿常常会以角色扮演和身体动作等方式对图画书做出回应。他们有时会用自己独特的动作或是简短的语言以示回应，这也是幼儿将动作和语言结合起来表现对故事的理解的方式，这样的游戏方式能促进幼儿更深入地探究图画书。

例如，在《逃家小兔》的导读中，可以引导幼儿关注彩图，读懂彩图所传达的妈妈的爱。出示第一幅彩图，让幼儿仔细看这幅彩图，想想妈妈用胡萝卜来钓小兔子的原因，使幼儿从中明白只有妈妈才最了解自己的孩子。在读第二幅彩图时，引导幼儿想想妈妈为了找到小兔子，面对危险的山所做的充分的准备，使幼儿从中体会母爱可到天涯海角。又如，在阅读方素珍的图画书《我有友情要出租》时，除了让幼儿阅读故事本身外，还可以引导幼儿仔细观察画面细节，看看图画中还有哪些动物，或者让幼儿通过大猩猩面部表情的变化猜测其心理活动，并问幼儿"你有没有发现谁一直陪在大猩猩旁边？他为什么这么做呢？"这样的问题，促使幼儿关注故事本身，并提高自己的综合审美能力。

在图画书中，绘者经常会通过细节的刻画来隐藏线索，从而使主题更加鲜明，情节更有趣味。小老鼠是许多绘者的宠物，它经常作为故事发展的另一条线索存在于图画书的图画中。例如，加拿大女画家菲比·吉尔曼的《爷爷一定有办法》中一直贯穿另一个快乐家庭——小老鼠一家的故事。随着小男孩约瑟的毯子的一次次变化，小老鼠一家也在不断地利用这块布料。小老鼠一家的故事没有文字说明，却和地上的故事有着千丝万缕的联系。在导读中，教师可以充分利用这类图画，引导幼儿关注文字背后的故事，以此丰富故事的内容，使主题更加明确，更具有童趣。

（三）语言学习法

图画书的语言具有形象性、重复性及简洁性。图画书阅读过程中的语言学习有多种方式：听教师大声读、反复朗读、讨论、看图讲述、故事接龙等。在多种形式的学习中，在教师的逐步引导中，幼儿可以感受语言的魅力。其中"听教师大声读"是幼儿图画书阅读的重要方式，也是幼儿学习语言的重要方式。除了读中积累，有的语言也可以让幼儿进行模仿表达，让幼儿领悟图画书语言表达的形式与精髓。

例如，经典图画书《猜猜我有多爱你》是一个充满爱和童趣的故事，通过大兔子和小兔子的对话揭示了爱是需要表达的这样一个道理。大兔子的语言一直和小兔子一样，相同的话，出自不同的人物，展示了大兔子的一片童心，同时构成了文本语言的节奏美。再如，在《猜猜我有多爱你》的导读中，教师先读小兔子对妈妈说的话："我爱你有这么多！"看图后，教师和幼儿共同读兔妈妈的话："我爱你有这么多。"在此基础上，教师范读第二段小兔子的话："我的手举得有多高就有多爱你！"让幼儿单独读兔妈妈的话："我的手举得有多高就有多爱你！"通过听教师读，和教师共读以及自己读等多种朗读方式，帮助幼儿感受语言，积累语言。在读完这个故事后，教师可以引导幼儿来表达自己对妈妈的爱。而幼儿可以以模仿的形式表达自己对妈妈的爱，如"我爱你从山的这边到海的那边""我爱你像海那么深""我爱你到宇宙，再从宇宙那回到这里来"……

(四)生活式感悟阅读法

图文并茂的图画书吸引着幼儿。图画书的价值和魅力在于：它没有一句教条，却能满足幼儿的成长需要；没有一丝说理，却能启发幼儿进行深入思考；没有一点儿喧闹，却能让幼儿会心大笑。阅读图画书"让孩子像个孩子"。正如美国诗人惠特曼的一首诗中所说："有一个孩子每天向前走去，他看见最初的东西，他就变成那东西，那东西就变成了他的一部分……"[①]通过阅读图画书，幼儿不断进行着情感的体验，其情感得到了提高和升华。例如，在《猜猜我有多爱你》《我爸爸》《爷爷一定有办法》的阅读中，幼儿可以充分感受父母和朋友的爱。这些图画书的阅读丰富了幼儿的情感，激发了幼儿的爱心。当阅读把快乐带给幼儿时，也把无可估量的巨大精神财富带给了他们，为他们建造起了自由的精神空间与心灵家园。幼儿在与图画书进行心灵对话时，在闪烁着人性光辉及充满大自然的和谐和童真童趣的字里行间徜徉时，必定会开阔眼界，丰富内心，健全人格。

📷 拓展训练

从以下图画书书目中选择 3～5 本进行阅读，并谈谈自己的阅读感受。

英国：《彼得兔的故事》《和甘伯伯去游河》《雪人》

美国：《100 万只猫》《玛德琳》《让路给小鸭子》《小房子》《逃家小兔》《在森林里》《月亮，晚安》《快活的狮子》《小蓝和小黄》《下雪天》《野兽出没的地方》《小黑鱼》《爱心树》《驴小弟变石头》《好饿的毛毛虫》《花婆婆》《极地特快》《三只小猪的真实故事》《疯狂星期二》《大卫，不可以》《奥莉薇》《母鸡萝

---

① 屠岸：《英美著名儿童诗一百首》，201 页，北京，中国对外翻译出版公司，2002。

丝去散步》

波兰：《月亮的味道》

加拿大：《爷爷一定有办法》

德国：《是谁嗯嗯在我的头上》

日本：《鼠小弟的小背心》《活了100万次的猫》《换一换》《14只老鼠吃早餐》《鳄鱼怕怕牙医怕怕》《你看起来好像很好吃》

中国：《荷花镇的早市》《团圆》《牛牛和虎子》《鼹鼠的月亮河》《小石狮》《灶王爷》

本课回顾

学习要点	掌握程度	自我评价
图画书的组成	熟练掌握	☆☆☆☆☆
图画书的阅读方法	理解并掌握	☆☆☆☆☆

第三课　图画书的创作与改编

曾经两次获得过凯迪克大奖的美国画家芭芭拉·库尼用一个形象的比喻说出了图画与文字之间的关系：图画书像是一串珍珠项链，图画是珍珠，文字是串起珍珠的细线，细线没有珍珠不能美丽，项链没有细线也不存在。我们在创作或改编图画书时，一定要明确的是，图画书中的图画和文字共同承担着叙事的责任，图画与文字相互依存、交织表达，图画不是文字的图解，文字也不是图画的说明。

一、对图画的要求

图画是视觉艺术，人对图画的欣赏，是在想象和思维指导下的一种有目的、有计划的观察活动。作家和画家要在总体上把握幼儿图画认识能力的水平，同时还要研究幼儿观察图画时在形象、画面、色彩等方面的具体特点。幼儿图画书创编，要求绘画者研究、掌握幼儿欣赏图画的特点。

从形象上看，幼儿喜欢人比物多，人物形象应是画面的主要部分。幼儿很注意人物的面部形象，喜欢活泼的面部表情，喜欢用夸张手法表现的高兴、生气、着急、哭泣等表情。

从画面上看，幼儿视觉目的性的特点是先看轮廓大的，后看精细的。这就需要在作品中把主要内容放在画面中央，还要画得有吸引力。如《鼠小弟的小背心》，灰色画面中鼠小弟的红色背心格外醒目，容易引起幼儿的关注。

色彩是认识对象的重要外部特征，幼儿常常借助色彩确认对象。幼儿感知客观事物的分化性比较差，笼统、不精细，如果色彩有对比感，则可以帮助幼儿更精细地把握画面上的各种事物。画家在为幼儿作画时，既

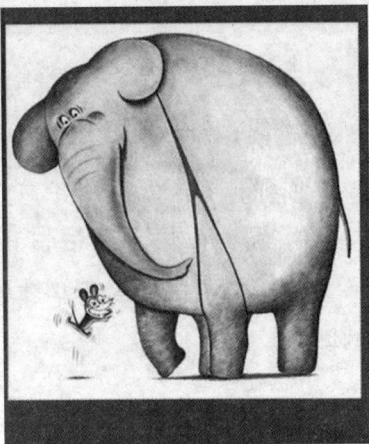

《鼠小弟的小背心》①

要照顾到他们对鲜艳色彩的偏爱，也要顾及不同年龄幼儿辨色能力的发展特点。

图画故事是否完美的关键是图画的质量。幼儿图画书在图画的形式、色彩、比例、构图、连接等方面有以下几个要求。

(一)富于幼儿情趣

富于幼儿情趣的图画能触动幼儿感情，引起共鸣。要做到这一点，图画就需要具有幼儿生活气息，让幼儿凭借生活经验就能想象和理解。这样的画，很容易唤起幼儿的记忆，激发幼儿的感情。例如，在《逃家小兔》中，当小兔子变成鱼在河里游的时候，还是长着一对兔耳朵；兔妈妈去钓鱼，用的诱饵竟然是胡萝卜。

(二)符合幼儿的理解水平

图画书主要面向幼儿，因此图画书的作者要特别注重对幼儿心理和阅读习惯的研究。幼儿对画面的理解与成人不同，他们的深度视觉尚未发展，很难理解画面的透视关系。他们知道房子的正面、侧面都有窗子，那么就应该把它们展开在平面的图画上。例如，美国艾瑞·卡尔的《好饿的毛毛虫》表现的是一条毛毛虫从破壳而出到变成蝴蝶的过程，但书中的内容却非常丰富，它巧妙地包含了一周七天，还有很多种幼儿喜欢吃的食物。书中的一些画页呈阶梯状排列，让幼儿很容易翻页。并且所有的图画

---

① 文/[日]中江嘉男、图/[日]上野纪子：《鼠小弟的小背心》，赵静、文纪子译，海口，南海出版公司，2010。

都是横向排列，幼儿十分容易接受，很好理解。另外，书中的毛毛虫咬出的洞洞，在制作时就挖了圆洞，幼儿一定会被吸引着用手去挖一挖，这样就增加了趣味性，更利于幼儿理解。

（三）有动感

图画故事的画面在幼儿眼里应该是活动的。图画故事要求每幅画都要富于动感，能够用画的连续性讲述故事。例如，在山姆·麦克布雷尼与安妮塔·婕朗的《猜猜我有多爱你》中，大多数画面描绘的是大兔子和小兔子的动作，如举高、倒立、伸臂、连续的跳跃等。

（四）有细节

幼儿形象性的思维特征，使他们很善于"读"画，他们有时甚至比成人更能发现画面中的细节。有经验的画家，常在不影响故事主题线索的前提下，配上丰富的细节，给幼儿更多发现的喜悦。加拿大菲比·吉尔曼的《爷爷一定有办法》中就隐藏着许多细节，如每页画面下面的小老鼠们，它们使这个关于蓝色布料的故事变得极其丰富。

（五）充分利用图画书翻页的阅读方式

图画书需要翻页欣赏，这是图画书的一个突出特点。幼儿常按照自己的感受和意识来翻页，他们既可能仔细阅读画面的细节，有时又因为急于想知道故事的发展而往下翻页。例如，在加拉·诺夫特里·亨特与苏·泊特尔的《我有我感觉》中，小老鼠生活中的种种情绪反应都在翻页中给了幼儿一个悬念，让幼儿得到了一种猜谜语一样的快乐。

（六）有节奏感

图画书中图画结构线索的展开，同文字的要求一样，要有开头、高潮、结尾的连接与变化。当然，也有这么一类图画书，并没有一个一贯到底的故事，好似一盘散沙。例如，美国伯纳德·韦伯的《勇气》没有什么情节，串起一幅幅画面的，是它狂野、发散的想象力，它的画面不是被一根线，而是被许许多多根放射状的线连在了起来。

二、对文字的要求

这里所说的文字，包括两种含义：一是有文图画书中的文字；二是无文图画书中的构思。它们总的要求是符合幼儿的兴趣、爱好和接受水平，符合幼儿文学语言的要求。

(一)要有可视感和动感

图画书的文字通常是画家绘画的依据，整个故事是否结构完整、线索清晰、富有情节性，大都由文字决定，即使是无文图画故事，作者构思时脑中也有完整的情节线索，因此，图画书的文字首先要具有可视感，即文字在图画中易于表现。另外，图画书的文字还要有动感。由于图画书是以连续的图画来表现故事的，单一的场景、人物和平淡的情节会使画面雷同，使画家很难绘画，所以，在写故事时一定要首先考虑情节、人物、场景的变化，《月亮，晚安》的作者在这方面的处理就很成功。

(二)要有节奏感

图画书的文字要求精练，还要求生动、优美、富于节奏感，语句既要浅近，又要流畅。例如，五味太郎的《鳄鱼怕怕 牙医怕怕》充分运用了图画书中重复的手法，把恐惧的情绪夸张到极点，却又用幽默的方式表现出来。其中文字的节奏感强烈、鲜明，有效地表现了故事情节。又如，佐野洋子的《活了100万次的猫》，其中讲猫活了100万次的文字很有节奏感，用了一个个重复相似的情节，语言变化中有不变，不仅突出了主题，表现了感情，而且使语言节奏感十分明显，具有震撼人心的力量。

(三)要精练、准确、生动、有色彩

图画书的文字在多数情况下是图画的补充，它不能太长，还要准确、精练、生动、有色彩。例如，在巴乌姆美莉的《小蜗牛》中，小蜗牛说："妈妈，小树林里的小树长满了叶子，碧绿碧绿的，地上还长着许多草莓呢。"又如，阳光的《金色的房子》中的开头："田野里有一座小房子，红的墙，绿的窗，金色的屋顶亮堂堂。"

(四)要讲究文字的排列

在绝大多数的图画书里，文字仅仅是一个叙述者，承担着和图画一起讲故事的任务，在排列设计上与文字书的排列相同。但有的图画书将文字和图画交织在一起，同样给我们带来了一种视觉上的新鲜趣味。在玛丽·路易丝·盖伊的《在我的小岛上》中，文字的排列与画面的配合融为一体，具有了和文字相同的表现力，更加符合幼儿的接受能力和欣赏水平。

在文图合一时，还应注意文图之间的构成关系，同时应预先设计好文字的位置，以免临时加上文字使画面失去均衡感。在书的编排方式上，也应力求活泼多样。

三、把图画故事改编为文字故事

把图画故事改编为文字故事实际上就是看图编故事，对于幼儿来说就是看图讲故事。看图编故事的关键，是将画面提供的人物、景物、物件，展开想象、联想，与自己的生活实际相结合，让画面"动"起来，"活"起来。其具体做法如下。

首先，正确、仔细地观察图片，不要忽视或漏掉画面上的细节。这是改编的前提。

其次，根据画面内容进行合理想象。这是使改编内容具体实在、形象丰满生动的保证。

改编时应注意以下几点。

一是从外貌、穿着想象人物的身份，从动作、神态、表情想象人物的语言和心理活动。

二是从画面提供的一刹那静止情景想象事物的来龙去脉、前因后果。

三是从几幅画面中人物、景物、时间、地点的细微变化，想象画面之间的联系，编出故事情节（发生、发展、结局）。

四是要注意突出原作重点，并遵循不同类型的幼儿故事的写作要求，也就是根据画中形象来决定是改为童话故事还是生活故事。

本课回顾

学习要点	掌握程度	自我评价
图画书的创作要求	熟练掌握	☆☆☆☆☆
图画书的改编原则	明确理解	☆☆☆☆☆

第四课　图画书经典作品推荐

一、《母鸡萝丝去散步》(文·图/[美]佩特·哈群斯，译/上谊出版部)

【故事梗概】这天，母鸡萝丝走出鸡舍去散步。她没有发现，一只狐狸从后面悄悄跟了上来。萝丝穿过农家院子，身后的狐狸扑了上来。可他一脚踩到了钉耙，钉耙一个反弹，狠狠地打到了他的脸上。萝丝绕过池塘，狐狸扑了上来，可他扑了一个空，栽到了池塘里。萝丝翻过干草垛，狐狸扑了上来，可他一头扎了进去。萝丝经过磨面房时脚钩住了一根绳子，狐狸扑上来时，上头的一袋面粉正好浇了下来。萝丝钻过栅栏，狐狸扑了上来，可他跌倒在栅栏这边的手推车里。萝丝从蜂箱下面走了过去，可那辆手推车载着狐狸撞翻了蜂箱，狐狸被蜜蜂追得抱头鼠窜。萝丝回到鸡舍，正好赶上吃晚饭。

【作品导读】这是一本非常典型的用图画讲故事的图画书，它的文字与画面形成一种非常滑稽的对比。文字讲述的只是母鸡萝丝去散步的平淡无奇的故事，至于那只跟在萝丝身后上蹿下跳的狐狸，只字未提。所以有人说这本《母鸡萝丝去散步》实际上包括了两个故事：一个是用文字讲的萝丝散步的平淡无奇的故事；另一个是用图画讲的狐狸追逐猎物的跌宕起伏的故事。所以约翰·洛威·汤森在《英语儿童文学史纲》里才会说：经典之作《母鸡萝丝去散步》叙述的重点是隐藏在文字背后的事实。

作者佩特·哈群斯是一个真正吃透了幼儿心理的人，她把这个无声的故事变成了一个笑声不断的故事，她甚至还给幼儿设计好了笑的时间，一共有七次。不信你看，当钉耙砸扁狐狸的鼻子时，你会笑；当狐狸一头栽进池塘里时，你会笑；当狐狸扎进干草垛里时，你会笑；当狐狸被面粉埋住时，你会笑；当狐狸跌倒在手推车里时，你会笑；当手推车载着狐狸撞翻蜂箱、狐狸被蜜蜂追得抱头鼠窜时，你更会笑了，而且一笑就是两次。

二、《逃家小兔》(文/[美]玛格丽特·怀兹·布朗，图/[美]克雷门·赫德，译/黄迺毓)

【故事梗概】作者玛格丽特讲述了一个小兔子和妈妈玩语言捉迷藏的简单故事。事先没有一点儿征兆，一天，一只小兔子突然对妈妈宣布说他要"跑走了"，尽管后来我们知道，这并不是出于他的叛逆或是遭遇了什么委屈，他不过是想知道妈妈有多么爱他，但我们还是不得不佩服这位机智而又豁达的妈妈，她没有惊诧，甚至没有问一个为什么，而是欲擒故纵地说："你要是跑走了，我就去追你，因为你是我的小宝贝呀！"紧接着，一场在幻想中展开的欢快而又奇特的追逐游戏就开始了。小兔子上天入地，可不管他扮成小河里的一条鱼、花园里的一朵花、一块高山上的石头，还是一只小鸟，身后那个紧追不舍的妈妈总是能够抓住他。最后，小兔子逃累了，依偎在妈妈的身边说我不再逃了，于是妈妈便喂了他一根象征爱的胡萝卜。

【作品导读】这个故事简单得不能再简单了，简单到只剩下几段对话，但就是这几段对话，让世界上的人都为之着魔。几乎每个幼小的孩子都曾经在游戏中幻想过像小兔子一样离开家，用这样的方式来考验妈妈对自己的爱，而这个小兔子的经历就像他们自己的游戏一样，给他们带来了一种妙不可言的安全感。

图画作者克雷门把一大一小两只兔子画得既写实又浪漫，对画面的衔接和处理也很有创意。《逃家小兔》凭借封面、插图与题目，就能让幼儿发现这样一些内容：兔宝宝和妈妈在草地上说话，他们会说些什么呢？阅读之初的猜想可以是情节的想象预设，可以是图片背后情感的试探联想，可以是无拘无束的畅想和创意。它会比翻开后直接演讲更具挑战、更令人神往。

在阅读过程中，我们可以引导幼儿来观察：兔妈妈变成渔夫去钓小兔时，用的是什么鱼饵？兔妈妈为什么背着书包去爬山？小兔子家为什么种了那么多胡萝卜？当我们与幼儿一起读完这本图画书后，可以让幼儿自己拿起《逃家小兔》尝试着来讲，有些地方幼儿用自己的语言来描述会显得更加可爱，如"如果你变成小花，我就提着小桶去给你浇水"……当幼儿读完绘本后，鼓励幼儿质疑问难，这样不仅有利于幼儿良好阅读习惯的培养，还能提升绘本阅读的价值。

三、《让路给小鸭子》(文·图/[美]罗伯特·麦克洛斯基，译/柯倩华)

【故事梗概】野鸭爸爸马拉先生和野鸭妈妈马拉太太在寻找一处适合居住的地方，一处没有乌龟和狐狸打扰、不会被男孩子们的自行车撞翻的地方。在查尔斯河畔，马拉太太的孩子们破壳而出。有一天，马拉先生外出，跟马拉太太约好一周后在公园见面。于是马拉太太教小鸭子游泳、潜水、排成一排走路，并在一天早上带着小鸭子走上了马路。可车太多，他们过不了马路，甚至使城市交通陷入了混乱。不过，在一位友好的警察的帮助下，马拉太太和小鸭子终于平安地来到了他们的家，一个小小的岛屿，马拉先生正在那里等候他们的到来。

【作品导读】《纽约时报》的书评说：这是一本最仁慈的书。这本书讲述了一个人与自然和谐共处的话题。作者用深褐色、略带那么一点儿暖暖的暗红色的笔触，画了一幅警察拦下所有车辆，护送排成一排的鸭子过马路的温情脉脉的画。这本书的一大看点，就是作者使用了鸟瞰的镜头。故事一上来，就是两幅大鸟瞰，隔了几页，又是一连三幅恢宏壮观的大鸟瞰。它们与我们惯常见到的那种鸟瞰不同，因为画面中多了两只飞翔中的野鸭，于是便产生了一种强烈的动感。盘旋、下坠……我们好像是插上了一双翅膀，随同它们一起飞过波士顿的上空。就这样，野鸭的视线和我们的视线在天上重合到了一起，不但让我们看到了故事的舞台，还为后面故事的发展埋下了伏笔。

四、《你看起来好像很好吃》(文·图/［日］宫西达也，译/杨文）

【故事梗概】很久以前，在一个晴朗的日子里，甲龙宝宝出生了。"嘿嘿嘿嘿，你看起来好像很好吃！"一头霸王龙流着口水，正要猛扑过去，甲龙宝宝叫了一声"爸爸"，抱住了霸王龙。霸王龙吓了一跳："你怎么知道我是你爸爸呢？""因为你叫我的名字呀。知道我名字，就一定是我的爸爸。"甲龙宝宝告诉霸王龙："我的名字叫'很好吃'。"接着，"很好吃"开始吃草，一边吃还一边说："我要多吃一些，早点长得像爸爸一样。"小甲龙的这句话击中了霸王龙心底的柔软，让他体会到被爱、被需要的幸福感觉，从而改变了小甲龙和霸王龙之间的关系……

【作品导读】《你看起来好像很好吃》获得了"剑渊绘本之乡大奖"。书中图画的线条格外简单，作者运用了几种非常鲜艳浓烈的色彩来构建画面——大红、明黄、深灰。故事非常动人，孤独的霸王龙遇到了小甲龙，小甲龙对"霸王龙爸爸"的无限信任、真诚关爱和无比骄傲，让霸王龙埋在内心深处的"爱的种子"发芽了。虽然失去了"很好吃"的美味，霸王龙却尝到了被爱的滋味。在爱与被爱之间存在着循环往复的通道，小甲龙也不再孤独，霸王龙为他挡住敌人的袭击，教他各种本领，并帮助他回到了父母的身边。在一起的日子，对他们而言都是幸福的。这本绘本告诉我们：每个人心里都有一颗爱的种子，人与人之间交往的真谛是信任、关爱和鼓励。

五、《活了100万次的猫》（文·图/［日］佐野洋子，译/唐亚明）

【故事梗概】有一只100万年也不死的猫。其实猫死了100万次，又活了100万次。这是一只漂亮的虎斑猫。有100万个人宠爱过这只猫，有100万个人在这只猫死的时候哭过。可是猫连一次也没有哭过。猫当过国王的猫，水手的猫，马戏团魔术师的猫，小偷的猫，一个孤零零的老太太的猫，一个小女孩的猫……猫已经不在乎死亡了。有一回，猫不再是别人的猫了，成了一只野猫。猫头一次变成了自己的猫。猫太喜欢自己了。不管是哪一只母猫，都想成为猫的新娘。只有一只猫连看也不看他一眼，那是一只美丽的白猫。于是猫就一直待在了白猫的身边。白猫生了好多可爱的小猫。猫比喜欢自己还要喜欢白猫和小猫们。小猫们很快就长大了，一个个走掉了。有一天，白猫静静地躺倒在猫的怀里一动也不动了。猫抱着白猫，头一次哭了。从晚上哭到早上，又从早上哭到晚上。哭啊哭啊，猫哭了有100万次。早上、晚上……一天中午，猫的哭声停止了。猫也静静地、一动不动地躺在了白猫的身边。猫再也没有起死回生过。

【作品导读】这本图画书一开始便以很强的画面感呈现在我们面前，随着故事情节的展开，那只虎斑猫也渐渐地让人有了很强的现实感，这也得益于绘本的画面和文字表达。在《活了100万次的猫》的封面上，一只绿眼睛的猫威风凛凛地双腿直立地站着，毫无畏惧地注视着你。这种画面感十足的封面吸引着读者，让人猜想这只猫是谁？究竟有什么事要发生？同时读者可以通过绘本中的画面读出许多文字并没有讲述或者涉及的内容与情节。该书最后一页的画面是一幅平静的风景画，猫不见了。

在《活了100万次的猫》中，这只猫先后成了国王、魔术师、小偷、老婆婆、小女孩等人的猫，其叙述时采用的句子和语法结构基本一致，不断重复出现，让幼儿读者感到极其亲切，易读易懂。

这本图画书以其"珍爱生命，关注挚爱"的鲜活主题，成为一部让人读了100万次也不会厌倦的名作。在日本它被赞誉为"被大人和孩子爱戴、超越了世代的图画书""描写了生与死以及爱，读了100万次也不会厌倦的永远的名作"。幼儿绘本的鲜明主题往往是作品价值实现的关键。绘本打动幼儿读者的力量，往往来自它所传达的情感和思想。佐野洋子通过直接讲述一只猫的故事，为幼儿、也为成人表明了自己对于生、死、自由和爱的看法。

六、《是谁嗯嗯在我的头上》(文/[德]维尔纳·霍尔茨瓦特、图/[德]沃尔夫·埃布鲁赫，译/方素珍)

【故事梗概】"嗯嗯"到底有什么学问呢？故事通过一只倒霉的小鼹鼠，寻找到底是哪个坏蛋"嗯嗯"在他头上的过程，轻松愉快地让我们了解到：原来每一种动物的排泄物的形状都不同，什么样的动物就"嗯嗯"什么样的"便"。而最后小鼹鼠到底能不能找到那个"嗯嗯"在他头上的坏蛋呢？专吃大便的苍蝇可是破案的关键哟！

【作品导读】这是一本兼具趣味性和知识性的好书，书名居然用"嗯嗯"，也就是便便来当主角，可真是令人拍案叫绝！对生性快乐的幼儿来说，这本书不但有趣，可能还具有"爆笑"的效果。在书末作者还附上了一篇"动物的吃喝拉撒"的文章，说明了动物的食物、消化与排泄的关系，让幼儿在哈哈大笑之余，也得到了与生物学相关的常识。

本书透过幽默有趣的故事情节，带领幼儿认识了各种动物的大小便，满足了其好奇心，帮助其健康地面对大小便的正确常识。书后特别增辟"亲子共读"单元，针对每一种动物的吃、喝、拉、撒做了详细的介绍，让幼儿进一步了解了动物的食性、消化功能和排泄方式。

七、《鼠小弟的小背心》(文/[日]中江嘉男、图/[日]上野纪子，译/赵静、文纪子)

【故事梗概】鼠小弟穿着妈妈织的小红背心站在舞台中央，鸭子、猴子、海獭、狮子、马、大象，每个动物都扯着小背心说："小背心真漂亮，让我穿穿好吗?"动物们穿上小背心后，都重复着同样的语言："有点紧，不过还挺好看吧?"最后小背心被拉得像绳子一样长。不过……鼠小弟把小背心当秋千，挂到了大象的鼻子上，他开心地荡起了秋千。

【作品导读】这是一个能给予幼儿快乐的故事，这是一本无论在构思上还是画风上都带有明显荒诞风格的图画书。它的乐趣就在于读者可以一边读，一边推测结局是怎样的。图画中特别幽默的是动物的表情，就说鼠小弟吧，你看他穿着小背心站在那里"挺好看吧"时，多神气啊，可当他拖着被动物们拉长了的背心，泪流满面地伤心远去时，又是多么沮丧啊。同时，作者还把鼠小弟高兴、惊讶、悲伤的表情，巧妙地穿插到了绿、红、黑单纯的色彩与构图之中，以及登场的动物们的表情与小背心的变化之中。

作品版式的设计独具匠心，正文部分分成左右对称的文字页和图画页。文字页以沉稳、凝重的深绿色为底色，上面有白色的文字，图画页则以与文字页相同的深绿色为边，中间是一个白色的方框。它就像一个灯光明亮的舞台，故事中的人物在这里依次登台亮相。小背心则是最具反差性的红色，是故事的线索与核心，吸引读者的注意力，有"画龙点睛"之效。

与绘本中渐次推进的故事结构相对应的是，贯穿始终的、简单且不断重复的语言。全书文字部分都是动物们说的话，不管穿上小背心以后多么难受，他们都说："有点紧，不过挺好看吧?"文字与图画的滑稽比照，让这个作品变得格外有趣。画面里的动物们每次来借穿小背心，都是相同的一番对话，相似的两个画面，形成一个二拍的叙事节奏。在多次重复过后，故事发展到最高潮：鼠小弟发现自己的小背心被大象穿过以后，再穿起来就像是拖着一条长长的绳子，于是他非常伤心和沮丧。

故事的结局非常出人意料。当鼠小弟拖着被撑成长条的小背心垂头丧气地往回走时，故事好像要终结了，可是翻过页来一看，鼠小弟正用那个长长的背心在大象鼻子上高兴地荡秋千呢。对这个充满奇思妙想的完美结局，幼儿非常喜欢。这样一个神来之笔可以启发幼儿发散思维，想象故事另外的结局。

在阅读《鼠小弟的小背心》的时候，可以放慢翻页的速度，让幼儿预测下一个出场的动物是谁，并在他们的期待中通过翻页来验证，这样做能够增强动物们穿上小背心的滑稽效果。

八、《荷花镇的早市》(文·图/周翔)

【故事梗概】《荷花镇的早市》给幼儿呈现的是一个最简单的早市故事，在这个故事中，一个城里的小男孩阳阳跟随爸爸妈妈回水乡给奶奶祝寿，清晨，他跟着姑姑到水乡集市去买东西，他们一路上的所见所闻被作者描绘了出来。

【作品导读】《荷花镇的早市》不似以前的绘本，它给孩子们带来的是一个最静的画面，展示的是生活中的一个寻常场景，就是在这样的场景中，一幅幅温馨的水乡集市的画面呈现了出来，人物不紧不慢，河水、屋瓦、石级、木柱、门板等充满了恬静美好的气息。城市男孩阳阳睁大好奇的双眼，看着都市生活里从未出现过的新鲜事物和乡俗风情：米酒、小猪、斑驳的船影、刚出壳的小鸡、露天的大戏、接新娘的花轿……随着阳阳的视线，江南的诗意缓缓流淌于绘本之中。

其实，书中都是凡人琐事，可这正是阅读这本图画书的乐趣。荷花镇的早市人可真多，画家在画里画了许多人。这么多人没有一个人的动作是重复的，形态也迥异，红衣男孩阳阳不是主角，阳阳不过是一双眼睛，这本书的主角是这里的许多人，也是看书的幼儿。阅读的时候可以让幼儿来猜猜这些人在干什么，以及书中人物的对话、动作等，以此来发展幼儿的思维能力和想象力，激发幼儿的阅读兴趣。

九、《小石狮》（文·图/熊亮）

【故事梗概】《小石狮》讲述了一只比猫还要小的小石狮的自述：我是小镇的守护神，小镇里唯一的石狮子，唯一的守护神……这本图画书的文字不多，作者惜墨如金，他不是想用文字"写"出一个故事，而是更想用图画"画"出一个能唤起我们浓浓乡愁的故事。

【作品导读】《小石狮》一开始以三幅图逐渐拉近镜头特写小石狮的脸部细节。作者让幼儿以为主角既是狮子又是守护神，其体形可能非常硕大，及至下一页才让幼儿知道他其实只有一个扶手那么大，比猫还小，这就为平静的故事造了个起伏。小石狮不是在香火鼎盛的庙堂里，他就如同我们生活环境中的一个地标，也好比是一棵老树、一座建筑物。他长时间矗立在那儿，贯穿岁月看四季流逝，见过眼前人来人往和所有发生的事。小石狮知道人们也许记得他，也许忘记了，但他有信心记得每一个人，不会忘记。小石狮昂头看雪和淋雨这两幅画，原本是寂寥和难堪的情境，但他的表情却纯真愉悦，他快乐地扮演着自己的角色，这正是本书的精神所在。

第五课　图画书教学活动指导

在图画书教学活动中，教师是幼儿的引导者和讨论者，需要仔细钻研教材，展开有效的提问，在教学中注重培养孩子自主阅读的能力。

一、图画书教学的注意事项

(一)走进图画书，挖掘图画书的内涵

图画书是用图画与文字共同叙述故事。一本好的图画书，能让一个不识字的幼儿仅看画面也能"读"出大意。此外，一般来说，图画书都有一个精心设计的版式，封面、扉页、环衬、正文以及封底构成一个完整的整体，文字与图画相互依存，依靠翻页推进情节……在图画书阅读教学中，千万不要急着翻看正文，先给幼儿看封面、环衬、扉页，让孩子猜想一下这个故事讲述的是谁，发生了一件什么事。例如，图画书《獾的美餐》中，除了正文中包含着一个大的主要的故事，还在书的角上有一个卷角中藏着一个小故事，给我们在阅读中提供了两条线索。对于这样的趣味性强、寓意深刻、富有教育价值的图画书，教师更应该细细推敲、反复琢磨，读懂故事、发现细节、感悟内涵，在反复阅读中提升对作品的理解。

(二)注重教育机智，开展有效的提问

合理的设疑是有效进行图画书阅读活动非常关键的一个环节。教师在设计教案时就要仔细斟酌，提出有效的问题，可以是发散式的，也可以是有指向性的问题，但关键是要激发幼儿的思考，为进行有效的阅读服务。如图画书《动物绝对不应该穿衣服》中，刺猬穿上衣服会把衣服刺破，绵羊穿上衣服会热得流汗，蛇穿上衣服会感觉衣服太大，母鸡穿上衣服会下不出蛋，那么在引导幼儿时，我们就要注意不要只停留在幽默风趣的画面上，还应该让幼儿开动脑筋想一想，到底是不是动物真的就不可以穿衣服了呢？我们在教学时就应该引导幼儿想一想如果这些动物都很想穿衣服，我们应该怎么办？那么可以添上一个环节：让幼儿帮动物们自行设计衣服。给我印象最深的是有个幼儿帮母鸡妈妈设计了一条很实用的裙子，这样母鸡妈妈就既可以穿上漂亮的衣服，又可以顺利地下蛋，最后得出结论

动物也许可以穿上衣服。

(三)注重培养幼儿的自主阅读，培养幼儿的阅读兴趣

幼儿作为阅读的主人，应让幼儿在前，教师在后，在互动与引领中，让幼儿渐渐地去感悟图画书。由于幼儿的天性，当他们看见画面时，往往会有一些表达。但是我们教师往往会根据自己的想法来对幼儿进行提问。可是，幼儿在观察画面后会发现很多，例如，画面的色彩、动物的表情、特别是一些吸引幼儿的情节等，这时他们就会用语言表达出来，其实这时正好是教师发现幼儿理解程度的最佳时机。图画书《蚯蚓日记》画面丰满而且富有情趣，文字穿插较少，我们应充分利用画面让幼儿进行猜想，蚯蚓在干什么？蚯蚓会发生什么事情？让幼儿大胆地表述自己的猜测，当我们把答案告诉他们时，猜对的幼儿会高兴得跳起来，体验到成功的快感，更加激起幼儿阅读的热情。

二、图画书教学活动案例

案例：是谁嗯嗯在我的头上

教案供稿：山东省实验幼儿园　郭玉村

活动视频供稿：山东省实验幼儿园　孙晓杰

扫一扫，看微课

【设计思路】

《是谁嗯嗯在我的头上》是一个让所有的孩子感到过瘾并增长知识的故事。关于"便便"这东西，是一个被成人世界隐讳的话题，更是被课堂教学远离的课题，本活动试图以一个有趣的故事从科学的角度进行挑战性地尝试。可爱的小鼹鼠头顶着物证，锲而不舍地造访了他所遇到的动物们，动物们为了解脱嫌疑，一一出具了自己的物证，在这个有趣的情景中，不仅可以获取包括鸽子、老马、野兔、乳牛等在内的动物"便便"的知识，而且建立了对这件生活中再正常不过的事情的客观态度。让幼儿学会以科学的眼光来坦然面对本来就光明正大的生理问题，这是选择这个内容作为活动材料的原因。同时，对故事本身具有的教育价值进行了深度挖掘，淡化"以牙还牙"的结论，从寻找"嗯嗯"的角度出发，引导幼儿认识不同的"嗯嗯"，与科学领域有机整合，并迁移到生活中幼儿的"嗯嗯"，怎样才能快乐"嗯嗯"呢，有机整合健康等领域，体现教育生活化。

遵循幼儿言语发展的特点及语言学习的规律，巧妙运用具体形象的多

媒体课件，以幼儿共同参与的形式，在看看、想想、说说、玩玩等活动中，引导幼儿理解故事情节，自然习得故事对话，了解不同动物"嗯嗯"的特点，有效突破重点；图片回顾，验证经验，让幼儿找寻需要解决的问题再完整欣赏，体现真正的有效学习；巧妙设计有趣的分层游戏，在蹲蹲玩玩、想想说说、做做找找中，有效互动，提高兴趣，提升经验；鼹鼠儿歌、不同"嗯嗯"的动画形象自然融入、开放性的提问和角色自然扮演等多种教学方法的综合运用，突领教师的"引"，力求通过多媒体手段的有效运用，让幼儿在轻松愉悦的活动氛围中有效获取学习经验，真正感受到"有趣"，有效实现活动目标。

【活动目标】

第一，理解故事内容，了解不同动物的"嗯嗯"是不一样的。

第二，尝试用语言描述不同动物的"嗯嗯"。

第三，感受故事情节的幽默，体验游戏活动的快乐。

【重难点分析】

重点：理解故事内容，知道不同动物"嗯嗯"的特点。

难点：尝试用语言描述不同动物的"嗯嗯"。

【活动准备】多媒体课件；动物及其"嗯嗯"的操作图片各一套。

【活动过程】

(一)讨论猜想，导入课题

猜礼物，引故事，自然导入课题。

猜猜老师给你们准备了什么礼物？

演示课件，画书的名字是——《是谁嗯嗯在我的头上》

提问：

•故事的主人公是谁？

•小鼹鼠头上是什么？

(二)演示课件，阅读感知

观看阅读生动的多媒体无声课件(或阅读图书)，以师幼互动问答为主要手段，理解故事主要内容，学说故事对话，了解几种动物的不同"嗯嗯"。

提问：

•你觉得小鼹鼠的心情怎么样？

• 小鼹鼠会用什么样的语气问？

• 鸽子(老马、野兔、乳牛等)的"嗯嗯"是什么样子的？

• 到底是谁"嗯嗯"在小鼹鼠的头上？

(三)突破重点，完整欣赏

操作图片和"嗯嗯"

提问：这个好玩的故事里你都见到了谁和他的"嗯嗯"？这些"嗯嗯"是什么样子的？

用图片验证幼儿已有的经验，提出要求，让幼儿带着问题进行下一步学习。

根据需要，完整欣赏故事，体验角色的心理特点，掌握不同动物"嗯嗯"的特点。

(四)游戏巩固，体验快乐

游戏：快乐"嗯嗯"。解决游戏中遇到的问题，巩固提升幼儿经验。

这是谁的"嗯嗯"？拿该图片的幼儿做蹲(说、找)的动作。

层次递进玩游戏：蹲蹲玩玩→想想说说→做做找找。

(五)升华认识，健康"嗯嗯"

原来不同的动物有不同的"嗯嗯"，你还见过谁的"嗯嗯"？小朋友的"嗯嗯"是什么样的？引导幼儿迁移经验。

课件出现：香蕉"嗯嗯"、稀拉"嗯嗯"、硬硬"嗯嗯"。

你最喜欢哪种"嗯嗯"？怎样才能拥有世界上最漂亮的香蕉"嗯嗯"？

快乐"嗯嗯"课件：小鼹鼠祝大家快乐"嗯嗯"呢，理解要按时"嗯嗯"！

指导语："有想'嗯嗯'和'哗哗'的小朋友吗？快去快乐'嗯嗯'、快乐'哗哗'吧"。自然结束。

【活动延伸】

区域中设置不同的动物及"嗯嗯"图片，小朋友进行"快乐嗯嗯"的游戏；一日生活中知道按时"嗯嗯"，不憋便。

本课回顾

学习要点	掌握程度	自我评价
图画书教学的注意事项	理解并掌握	☆☆☆☆☆
图画书教学案例的学习	理解并掌握	☆☆☆☆☆

↱ 思考与练习

为幼儿创编、绘制一本可以阅读的图画书。

✦ 学习反思

_____

_____

_____

_____

第八单元
幼儿戏剧

学习目标

1. 了解幼儿戏剧的特征和功能。

2. 掌握幼儿戏剧创编的基本方法，并能进行幼儿故事的创编和排演。

3. 学会幼儿戏剧教学活动的设计。

导　语

幼儿戏剧是幼儿文学中很重要的文学样式，它通过舞台表演的形式为幼儿提供了一种独特的审美享受。幼儿在观赏舞台演出时，会随着舞台角色或高兴或难过，并有可能参与演出，获得独特的艺术享受。幼儿戏剧演出也是幼儿园丰富幼儿情感、培养幼儿语言能力和进行审美熏陶的重要途径。

第一课　幼儿戏剧理论

一、幼儿戏剧的概念

戏剧通常指的是通过演员表演故事来反映社会生活中的各种冲突，以表演艺术为中心，融合了文学、音乐、舞蹈等多种成分的综合性舞台艺术。

幼儿戏剧是以幼儿为对象，符合幼儿的接受能力和欣赏趣味的戏剧。戏剧排演要用剧本，剧本是戏剧的基本组成部分，它为舞台提供脚本，同时也是一种可供阅读的文学体裁。本单元侧重谈的就是剧本。

二、幼儿戏剧的特征

幼儿戏剧和其他戏剧种类一样，要适合舞台演出，在内容、冲突、台词方面都有很高的要求。又因为欣赏对象是幼儿，所以幼儿戏剧又有其独有的特征。

（一）内容有趣，结构紧凑

幼儿戏剧是舞台艺术，受时间和空间的限制，舞台相对固定，时空变化不自由，再加上观赏者是幼儿，这就要求舞台表演时间不宜过长，剧本内容要有趣，结构安排要紧凑。创作者必须用较小的篇幅、较少的人物、较简单的场景将事件呈现在舞台上。

幼儿戏剧不仅是为了让幼儿观赏戏剧，还是为了对幼儿进行潜移默化的教育，培养幼儿的创造力和想象力，促进幼儿的生理和心理健康发展。如果幼儿戏剧内容是幼儿感兴趣的东西，他们就会喜欢当积极的参与者，进入戏剧里面，并随着角色情感的变化而变化，从中得到极大的快乐和满足。幼儿的思维特征和理解能力决定了幼儿戏剧的情节结构不能拖沓。剧中一般包括一件事情，事件的发生、发展和结局组成一个紧凑的整体，在一个有限的空间里表现出有趣丰富的内容。例如，童话剧《小蝌蚪找妈妈》的内容让孩子感兴趣，情节结构紧凑。幼儿一听到"妈妈"，就很高兴，因为这是幼儿最熟知的人物。小蝌蚪找不到妈妈了，幼儿一听也很难过。小蝌蚪一次次认错妈妈，幼儿就很着急。最后小蝌蚪找到妈妈了，幼儿也随之高兴。

(二)矛盾集中，冲突简单

戏剧文学是以冲突为基本的艺术，没有冲突就没有戏剧。幼儿戏剧也同样具有矛盾冲突。由于幼儿戏剧的接受对象是幼儿，必须符合幼儿的年龄特征、审美心理，因此其矛盾必须集中，呈现主要矛盾，冲突要简单，充满情趣。在幼儿戏剧中，一开始就要进入情节的起点，然后通过一层层的发展把事件推向高潮和结局，这样集中的矛盾便于激起幼儿的观赏兴趣。在幼儿戏剧中，冲突的设计也很简单，往往是真假、美丑、善恶之间的二元对立，这便于幼儿理解和接受。例如，童话剧《小熊请客》，情节简单，角色之间有冲突，可爱的小动物最后齐心协力赶跑了狐狸。这个戏剧对幼儿有很强的吸引力。

(三)语言生动、简洁，富有动作性

在戏剧文学中，剧中人物的语言是塑造形象、展示矛盾冲突的基本手段，要求简练、明确，富有动作化。幼儿戏剧也是如此，考虑到幼儿这一特殊的观赏群体，其语言要更加生动、简洁，富有形象化和动作化。在舞台上演出时，语言要符合幼儿的听赏和表达习惯，并且要生动有趣，适合幼儿模仿和演出。例如，在柯岩的幼儿诗剧《小熊拔牙》中，妈妈不在家，小熊"熊鼻子抹一抹，熊耳朵拉两拉，熊头发梳三下，嗯，就不爱刷牙"。小熊吃蜂蜜和果子酱时，"一勺，一盘，一大碗"。后来看医生，六人齐拔牙，"'咕咚'，大家一起摔倒在地"。这个幼儿戏剧简洁、生动、动作化的台词使角色个性化，适于幼儿表演。

三、幼儿戏剧的功能

幼儿戏剧作为一种特殊的文学样式，在幼儿的生活中起到重要作用。

首先，幼儿戏剧是综合艺术，可以直接给幼儿多方面的感受，丰富幼儿的精神世界，增添他们的生活乐趣。在舞台上，既有演员的表演，又有生动的台词，有的还有歌唱和舞蹈，再加上布景、灯光、道具和烘托气氛的音乐，多种艺术手段和戏剧情境直接、立体地呈现在幼儿面前，给幼儿以强烈的直观感、真实感和动态感。幼儿戏剧在吸引幼儿注意力的同时，

还调动了情绪，启迪了思想，愉悦了身心，丰富了情感，增添了生活的乐趣。

其次，戏剧中鲜明生动的各类形象，可以引导幼儿分辨是非、扬善抑恶，能够寓教于乐。幼儿戏剧活动让幼儿的身心获得多种愉悦，在思维、想象、表演、创造以及认识、审美等能力方面对幼儿都有潜移默化的影响，能够起到寓教于乐的作用。幼儿戏剧中主题明确，扬善抑恶，各类人物形象鲜明生动，幼儿一看就明白什么是好人什么是坏人，什么是好事什么是坏事。因而幼儿戏剧还能引导幼儿明辨是非，区分真、善、美与假、恶、丑，培养他们高尚的品格和良好的行为习惯。

此外，在幼儿戏剧的排演中，幼儿参与其中，扮演各种角色，体验各种关系，收获各类知识，他们的语言表达、想象、思维、创造等方面都能够得到锻炼。

四、幼儿戏剧的种类

我国的戏剧种类繁多，但是幼儿戏剧的听赏对象是幼儿，所以常采取综合分类的方式。常见的戏剧种类是幼儿话剧、幼儿音乐剧、幼儿木偶剧、幼儿皮影戏等。

(一)幼儿话剧

幼儿话剧主要是以角色生动的对话、丰富的表情、戏剧性的动作在舞台上呈现故事，它的台词要求简练、浅显、生动、口语化，满足幼儿听赏的要求。幼儿话剧中的角色形象有时是拟人化的动物，有时是生活中的人；所呈现的生活场景有时是超凡仙境，有时是现实社会；故事情节有时是超现实的，有时是幼儿生活故事的再现。例如，《三只小猪》通过三只小猪对付大灰狼的故事，让幼儿了解建造房子的知识的同时，也让幼儿受到教育。

(二)幼儿音乐剧

幼儿音乐剧，有的也称为幼儿歌舞剧。它是融合了音乐、歌曲、舞蹈、美术等艺术的综合音乐表演形式。幼儿音乐剧中的歌词浅显易懂，朗朗上口，节奏感强，符合幼儿的听赏习惯，深受幼儿的喜爱。例如，音乐游戏剧《我爱童话》以一本神奇的童话书为基础，巧妙地将孩子们熟悉的五个故事《聪明的汉斯》《小红帽》《丑小鸭》《三只小猪》《雪孩子》串联起来。

《我爱童话》让演员们在童话与现实中玩起了"穿越"，他们只有完成童话任务，才能返回现实世界。而小观众们在其中起着极其重要的作用，他们不仅要帮助主持人完成任务，还要帮助演员们回到现实世界里来。演员们通过表演、游戏、舞蹈、歌唱等方式，将亲情、爱、团结、勇敢、追求自我的精神传达给所有的小朋友。

（三）幼儿木偶剧

木偶剧指的是由演员操纵木偶以表演故事的戏剧。木偶作为戏剧性的表演，出现在汉代。表演时，演员在幕后一边操纵木偶，一边演唱，并配以音乐。木偶戏的木偶可分为提线木偶（傀儡戏）、指头木偶（布袋戏）、杖头木偶等。幼儿园演出的木偶戏用的多数是指头木偶，也有提线木偶。前一种木偶容易制作，在幼儿园里教师和幼儿自己就能学会制作并使用；后一种木偶有时是专业的剧团进行演出时专门制作的，有时是教师自制的。木偶戏可广泛利用各种剧本进行演出。例如，经典幼儿木偶剧《狼来了》通过简单的故事，生动的语言，达到了寓教于乐的目的。扬州市木偶研究当年所演出的木偶戏《白雪公主》《葫芦娃》《狐假虎威》《皇帝的新装》等，深受幼儿欢迎。

本课回顾

学习要点	掌握程度	自我评价
幼儿戏剧的概念、特征	熟练掌握	☆☆☆☆☆
幼儿戏剧的功能	明确理解	☆☆☆☆☆
幼儿戏剧的种类	理解并掌握	☆☆☆☆☆

第二课　幼儿戏剧作品阅读与欣赏

幼儿戏剧作为戏剧的一个特殊的分支，符合幼儿的理解能力和欣赏趣味。作为幼儿教师，要引导幼儿观赏戏剧内容，指导幼儿参与戏剧表演，更好地发挥戏剧活动在幼儿教育中的作用。

没有牙齿的大老虎

吴敏

（此剧由贵阳幼儿师范高等专科学校学生根据冰心同名幼儿童话剧改编，

人　物　老虎（男孩儿扮）　小孩儿（男孩儿扮）

　　　　小兔（女孩儿扮）　狐狸（女孩儿扮）

　　　　狮子（男孩儿扮）　马大夫（女孩儿扮）

　　　　牛大夫（男孩儿扮）

时　间　夏天的早上，天刚蒙蒙亮。

场　景　大森林里，一场雨后，地上长满了蘑菇，树叶上还有露珠。
　　　　一只大老虎正趴在一块大石头上呼噜睡觉。石头周围长有许
　　　　多蘑菇。

　　　　［幕启，一只猴子从后台走出，一屁股坐在地上。］

猴　子　（双手捂屁股）哎哟，痛死我了，痛死我了。（爬起来面对观
　　　　众）

　　　　（快板）我是山中一只猴，

　　　　　　　　顽皮聪明数一流。

　　　　　　　　山中无虎我称王，

　　　　　　　　老虎一来就开溜，就开溜！

　　　　（扭头一看，惊叫起来，边喊叫边退场）

　　　　呀，那里有只大老虎，呼呼正睡觉，吓得我呀快快逃，
　　　　快逃！

　　　　［小兔手提竹篮，篮中装有蘑菇，一蹦一跳上。］

小　兔　今天天气可真好。（看看地上，惊喜地）呀，有这么多蘑菇
　　　　呢，太好了！

　　　　（快板）我是林中一只兔，

　　　　　　　　活泼可爱又温柔，

　　　　　　　　天生胆子小又小，

　　　　　　　　一听响动就快逃，就快逃！

　　　　［小猴与小兔相撞，跌倒，蘑菇撒了一地。］

小　猴　哎哟，是谁撞了我？

小　兔　哎哟，是谁撞了我？

　　　　［扭头对望。］

小　兔　呀，是小猴子，你慌慌张张地干吗呀？

小　猴　（紧张地朝老虎那边望）嘘，小声点儿，老虎在那边睡觉呢！

小　兔　（大惊失色地）老……老……老虎？

　　　　（快板）听见老虎林中睡，

　　　　　　　　吓得我心惊又胆战，

　　　　　　　　拉了小猴快快走，

　　　　　　　　跑得越远心越安，心越安！

　　　　〔拉小猴，急匆匆欲下，狐狸一摇一摆上。〕

狐　狸　喂，小兔，小猴，你们俩跑得这么快干什么呢？难道你们碰
　　　　到老虎了吗？

小兔、小猴　（吃惊地停住脚看着狐狸）咦，你怎么知道的？

狐　狸　（用手摸摸后脑勺，不好意思地）我——我随口说说罢了，可
　　　　是你俩也用不着这么害怕老虎哇。

小　猴　（看着狐狸）不怕？哼，你是没见过吧？

小　兔　（担心地看着狐狸）不怕？呀，你是没听过吧？

小兔、小猴　（手拉手面向观众）

　　　　（快板）老虎老虎真厉害，

　　　　　　　　牙齿就像硬钢钻。

　　　　　　　　嚼起铁杆当面吃，

　　　　　　　　尖牙一啃大树断，大树断！

狐　狸　嗯，看你们胆子这么小，不就是牙齿厉害嘛，我可不怕。
　　　　（眼珠转了转，神秘地说）我还有本事把它的牙全拔掉呢！

小兔、小猴　你？拔牙？哈哈哈……谁信呀？

狐　狸　（拍拍胸脯，自信地）不信？你们就瞧着吧！（狐狸下）

小兔、小猴　（不相信地）

　　　　（快板）小狐狸，不害臊，

　　　　　　　　吹牛从不打草稿，

　　　　　　　　老虎嘴里想拔牙，

　　　　　　　　真是可笑太可笑！

　　　　〔小兔、小猴摇头下，狐狸手提一包礼物鬼鬼祟祟上。〕

狐　狸　（两手把礼物举在胸前，悄悄地对台下观众说）小朋友，我拔
　　　　老虎牙的计划开始了，你们可得替我保密噢。（转身来到老

虎面前，推醒正在睡觉的老虎)虎大王，虎大王，你快醒醒，我——狐狸，给你带来了世界上最好吃的东西，你快尝尝呀！

老　虎　(揉揉眼睛，醒来，看着狐狸)是谁吵了我的美梦，哦，原来是狐狸，你来干什么？

狐　狸　(把手中的礼物，恭敬地送到老虎面前)

(快板)大王大王别生气，

　　　　我是好心来送礼。

　　　　此物名字叫作糖，

　　　　放在嘴里喷喷香，

　　　　吃在嘴时甜蜜蜜，

　　　　保你吃了一粒想两粒，想两粒。

老　虎　(不相信地打开礼物，拿出一粒糖)真的这么好吃吗？我可不相信，等我尝尝再说。(剥开一粒放在嘴里，乐得眼睛都眯起来，咂咂嘴道)哇，味道好极了！你说得不错，这真是世界上最好吃的东西。

狐　狸　那以后我就常常给您送糖来，让您吃个够，好吗？说实话，这么好吃的东西，也只有您虎大王才配吃，别人，哼——

老　虎　(高兴地点头)对！对！对！你说得有道理，有道理……

狐　狸　(用手捂嘴偷笑，边说边下)哈，我看你吃个够吧。

　　　　〔老虎睡着了，嘴里还含着糖。〕

老　虎　(喃喃地)好吃——嗯——真好吃——

　　　　〔狮子上，看见老虎。〕

狮　子　(推醒老虎)虎老弟呀虎老弟，你嘟嘟囔囔地在说什么呀？

老　虎　(揉揉眼睛)嗯，好甜、好香啊！狮大哥，你看看，狐狸真好，送给我又甜又香的、世界上最好吃的糖(从身旁的糖盒里抓起一把给狮子看)，给，狮大哥，你也来几粒吧。

狮　子　哎哟，我的虎老弟呀，你可别再吃糖了。

(快板)哎哟哟，哎哟哟，

　　　　糖吃多了会难过。

　　　　刷牙齿虫蛀掉，

　　　　到时后悔来不及。

狐狸狡猾诡计多，

快刷牙别上当，别上当！

老　虎　（摸着脑袋想了一下）狮老兄，你说得对，我马上就刷牙。

　　　　〔拿出牙刷和杯子，准备刷牙。〕

狮　子　这就对了，好好刷吧，别让你的钢牙被糖蛀坏了。再见！

　　　　〔从一侧下，狐狸上，一把抢过牙刷和杯子。〕

狐　狸　哎呀呀，老虎大王，您这是干啥呀？这么好吃的糖刷掉了，你说可惜不可惜？

老　虎　（委屈地）我也不想刷牙，可是狮老弟说糖吃多了会坏牙。

狐　狸　（奉承地）大王，您是谁呀？您是大老虎呀，铁条都能咬断，还会怕糖？幸好是我，要是被别人听见，不笑话你才怪呢。

老　虎　对，狐狸说得对极了，我老虎的牙不怕糖，我要天天吃糖，天天吃糖……

　　　　〔老虎兴高采烈地抱糖下，狐狸转向观众悄声道：〕

狐　狸　这只老虎可真笨，你们等着瞧吧，过不了多久，我就会把它满口的钢牙拔个精光。嘻嘻嘻……

　　　　〔狐狸下，老虎手捂嘴上。〕

老　虎　（快板）哎哟哟，哎哟哟，

　　　　　　　牙齿痛得钻心窝。

　　　　　　哪位大夫心肠好，

　　　　　　　替我拔牙治好我，治好我！

　　　　（来到马大夫门前）哇呀呀，我的牙好痛，好心的马大夫，请你快点儿救救我！

马大夫　（用肩抵住门，害怕地）对不起，虎大王，我的医术不过关，你还是去找牛大夫吧，他的医术可比我高明。

老　虎　（来到牛大夫门诊部）牛大夫，牛大夫，我的牙齿好难受，请你给我拔牙，治好我吧！

牛大夫　（惊慌逃下台）我——我——我可不敢给你拔牙。

老　虎　（双手捂脸，又叫又跳）哎哟，哎哟，痛死我了，谁把我的牙拔掉，我让他来做大王。

　　　　〔狐狸身穿白大褂，手提药箱上。〕

狐　狸　虎大王，别担心，我是特意来帮你的。

老　虎　（走近狐狸）谢谢，谢谢你！

狐　狸　（伸长脖子向老虎嘴里望了又望，故作惊慌地）哎哟哟，不得了，您的牙齿可全得拔掉呢。

老　虎　（歪着嘴，边哼边说）只要不痛，拔……拔就拔吧。

狐　狸　（打开药箱，拿出工具开始拔牙）一颗，两颗……哎呀，这最后一颗我实在拔不动了，这可怎么办呀？

老　虎　（乞求地）这，怎么办呀，你可得想想办法呀。

狐　狸　（装模作样地想了想）嘿，有办法了！（狐狸拿出一根线，一头拴住大老虎的牙，一头拴在大树上，然后拿出一个鞭炮放在老虎耳边。一点火，"噼——啪——"，老虎吓得摔倒在地）

老　虎　啊哟，是什么声音这么大，吓得我心慌胆又战？（用手摸嘴，转怒为喜）哈，我的牙全拔掉了。

狐　狸　（凑到老虎面前，笑眯眯地）大王，您的牙还痛吗？

老　虎　不痛了，不痛了，还是你最好，送糖给我吃，又替我拔牙，谢谢，谢谢……

　　　　［老虎下，狐狸用手捂住肚皮，笑。］

狐　狸　哈哈……这真是一只笨老虎。（面向观众）小朋友，你们看，我给老虎糖吃，老虎的钢牙都被我拔掉了，你们可不能像老虎那样贪吃糖喽！

　　　　［狐狸欲下，小兔、小猴上。］

小兔、小猴　狐狸，你等等，我们是小兔和小猴。

　　　　　［狐狸停，小兔、小猴走近。］

小　兔　狐狸狐狸本领大，老虎嘴里敢拔牙！

小　猴　狐狸狐狸本领高，老虎钢牙全拔掉！

狐　狸　不，这不是我的本领高，也不是我的本领大。

小兔、小猴、狐狸　对，我们大家都要记住，少吃糖，勤刷牙。

　　　　　［台后响起刷牙歌，小兔、小猴、狐狸手拉手下。

　　　　　　　　　　　　　　　　　　——幕落①

———————————

① 王丹丹、吕银才：《幼儿文学作品选》，248～252页，天津，南开大学出版社，2014。

【作品导读】《没有牙齿的大老虎》是幼儿十分喜欢的童话剧。它寓教于乐，巧妙地将幼儿要刷牙与弱小动物智斗大老虎结合在一起，进行了合理的想象和精心的构思，使全剧波澜起伏，妙趣横生。剧本内容有趣，写了小兔、小猴害怕老虎，狐狸施计拔掉老虎的牙齿，消除森林的威胁的故事。剧本结构紧凑，情节有起有伏，小兔、小猴见到老虎吓得跑，遇到狐狸剧情反转；狐狸拿糖给老虎，老虎上钩吃糖；狮子阻止老虎，狐狸恭维老虎，继续让老虎吃糖；老虎牙疼难忍，不得已找狐狸拔牙；狐狸计谋成功。幼儿在狐狸智斗老虎的故事中欣喜雀跃，同时也明白了不能多吃糖、吃了糖后要刷牙的道理。

全剧把狐狸置于戏剧冲突的中心，围绕狐狸如何给老虎拔牙展开剧情。小兔、小猴遇到老虎吓得胆战心惊，狐狸一点儿也不怕，狐狸聪明狡猾的形象呼之欲出，与小兔、小猴形成了鲜明的对比。狐狸送糖、老虎吃糖、狮子劝阻、老虎牙疼、狐狸给老虎拔牙，此过程中狐狸的聪明和老虎的愚笨形成对比。最后老虎被骗，牙齿被拔，冲突解决，这样的结局符合幼儿的欣赏水平和审美趣味。

剧中的台词具有动作性，小猴的出场吸引了幼儿，它双手捂着屁股，喊着"哎哟"，伴着快板，交代小猴如此行动的原因。小兔和小猴相遇引发了一系列动作，通过"撞""扭""望""拉"等动作表演，幼儿了解了故事发生的原因。剧末，狐狸的动作"凑""笑""捂"，刻画了狐狸计谋成功后的心情。这些极富个性化和动作化的台词，渲染气氛，吸引了幼儿。

总之，这个改编后的幼儿戏剧，能抓住动物的不同特征，如小猴的急性子，小兔的温顺，狐狸的狡猾，老虎的妄自尊大。戏剧的结尾还教育幼儿要勤刷牙。这一切使剧情显得真实，且有趣味性。

第三课　幼儿戏剧的改编

幼儿戏剧是幼儿喜爱的一种文学形式，幼儿非常喜欢观赏并愿意参与表演。我国幼儿戏剧创作无法满足幼儿对戏剧的需要。作为未来的幼儿教师，要搜集幼儿戏剧作品，找到适合幼儿观赏的戏剧；也可以挑选其他幼儿作品门类，对作品进行改编。幼儿戏剧的改编是依据原来作品进行的文学再创造活动，一种是对戏剧文学的改编，一种是对非戏剧文学的改编。作为幼儿教师，具体应该注意以下几个方面。

一、符合幼儿的审美心理和观赏趣味

幼儿戏剧进行再创造时，首先要遵守戏剧的一般规律，然后关注幼儿这一特殊年龄段的特点。幼儿一般都能接受色彩鲜艳的图画、优美的旋律、欢快的节奏和儿歌，并在听赏中感受愉悦和快乐。进行幼儿戏剧的改编要考虑改编后的作品是不是适合舞台演出，是否符合幼儿审美心理和观赏趣味。

一般来说，选择改编的作品线索简单、情节完整、人物形象鲜明、矛盾冲突紧张，适宜改编的作品有童话、故事和寓言。例如，《小蝌蚪找妈妈》《绿野仙踪》《渔夫和金鱼的故事》《木偶奇遇记》《皇帝的新装》等作品，演出后深受幼儿喜欢。

二、巧妙设计戏剧冲突

选择原作品以后，要整体把握作品情节，确定故事的开端、发展、高潮和结局，然后设计适合舞台演出的矛盾冲突。根据情节设计矛盾冲突时，有时可以不改变原作情节；有时可以忠于主要情节，添加或删减次要情节；有时可以改变情节。这样做的目的就是使戏剧冲突更紧张。

三、角色的台词富有动作性

在戏剧舞台上，吸引观众的主要是角色的台词，因此在改编时，要把文本的叙述语言改为台词，如果有的内容很难用台词表达，可以用唱和旁白解说。为了吸引观众，要精心地设计角色的动作，也可以把语言转化为动作。例如，青岛幼儿师范学校改编的幼儿剧《小蝌蚪找妈妈》，语言口语化，小蝌蚪一次次找妈妈未果时的表情和动作，给幼儿留下了深刻的印象。

本课回顾

学习要点	掌握程度	自我评价
幼儿戏剧改编的注意事项	熟练掌握	☆☆☆☆☆

第四课　幼儿戏剧教学活动指导

幼儿语言教育活动中的幼儿戏剧也是幼儿喜欢的文学样式之一。幼儿戏剧作品具有独特的艺术魅力，它以其紧张的戏剧冲突、个性化的人物形象和动作性的台词吸引着幼儿。在幼儿园进行幼儿戏剧教学活动时，幼儿教师可以组织幼儿参与戏剧演出，这样幼儿的语言表达和思维能力都能得到锻炼。

一、设计、组织幼儿戏剧教学活动的步骤

确立目标：根据不同年龄班幼儿的实际水平，确定具体、切实可行的教育目标。

选择剧目：在幼儿戏剧的教学中，选择适合幼儿并能实现教育目标的剧目或者戏剧形式。

确定组织形式：可以选择多种途径，组织集体或者小组参与排演、演出。

组织实施：确定好目标、方法，设计好教学流程后，就要组织幼儿和教师参与戏剧的编排演出，在这个过程中教师要观察幼儿的表现和教育效果。

效果评估：活动后要记录、反思，评估教育结果，提高下一次幼儿故事的教学活动的水平。

二、幼儿戏剧教学活动案例

案例：小熊请客

【活动目标】

第一，知道戏剧的名称和故事的主要情节。

第二，能在语言、动作、表情等方面大胆地表现角色的性格特征，记住各角色的对话、动作和出场顺序。

第三，懂得与同伴协商，轮流扮演角色。

【活动准备】

准备好道具：小熊、小猫、小狗、小鸡、狐狸的头饰。

准备好《小熊请客》PPT 和背景音乐。

【活动过程】

（一）导入

出示字卡"小熊请客"，让幼儿进行认读，引起幼儿的兴趣。

（二）观赏前要求

请幼儿安静观赏，做文明观众。

（三）教师示范

幼儿观看教师表演。

（四）提问

• 刚才的表演叫什么？表演中讲了一件什么事呢？

• 各种小动物都是怎么说的？怎么做的？

引导幼儿说说各种小动物的对话，鼓励幼儿用动作、语言表现各种小动物。

请全体幼儿一起学习小熊的语言和动作。

（五）教师指导幼儿排演

1. 幼儿分大组表演，教师指导

• 提醒扮演小动物的幼儿按照顺序出场。

• 鼓励能力弱的孩子大胆表现各角色。

• 能和同伴合作、协商分小组进行表演。

• 爱护游戏材料，不影响同伴。

2. 学习用各种手段表现角色的性格特征

• 音色、语调方面

小熊——声音粗、憨厚、速度慢、声音低。

狐狸——声音尖，圆滑、骗人的语调。

• 动作方面

小动物高兴、害怕、紧张、胜利的动作。

狐狸转眼珠、斜看人等动作。

（六）幼儿演出

幼儿布置游戏场景开展游戏，教师指导。

- 自由结组，分配角色，每组选择一个负责人。
- 共同协商并分工布置游戏场景。
- 没轮到表演的演员要在一旁等候，不影响他人。
- 演完后共同收拾游戏材料和道具。
- 鼓励能力弱的幼儿大胆表现，或请能力强的幼儿带领他们表演。

【点评】

在幼儿园，幼儿戏剧一般称为表演游戏。教师选择一个幼儿熟悉的故事或者戏剧，进行编排演出。幼儿对《小熊请客》这个故事的主要情节已经比较熟悉，也比较喜欢，兴致都比较高，能比较安静地观看表演。教师要让幼儿在游戏中大胆地表演，并通过协商进行分组，从而体验合作的快乐。

本课回顾

学习要点	掌握程度	自我评价
戏剧教学的步骤	理解并掌握	☆☆☆☆☆
戏剧教学案例	理解并应用	☆☆☆☆☆

思考与练习

1. 结合作品说一说：什么是幼儿戏剧？幼儿戏剧的特点是什么？
2. 选择一则幼儿故事，改编成幼儿戏剧。
3. 学生自由组合，选择剧本，或者改编剧本，排演一场幼儿戏剧。
4. 选择一个幼儿剧本，设计教学活动。

学习反思

_____

_____

_____

_____